# HAPPY

## Father's Day

### EASY SUDOKU

# HAPPY Father's Day

## EASY SUDOKU

### PUZZLE 1

| 1 |   | 5 | 9 | 2 |   | 7 |   | 4 |
|---|---|---|---|---|---|---|---|---|
| 2 |   | 4 | 6 | 1 |   | 9 |   |   |
| 7 |   | 9 | 4 | 3 |   | 2 | 6 |   |
| 9 | 2 | 8 | 5 |   | 4 | 1 | 7 | 3 |
| 4 |   | 3 | 8 | 7 | 1 | 6 | 2 | 9 |
|   | 7 |   | 2 | 9 | 3 | 4 | 8 | 5 |
| 8 | 9 | 6 | 1 |   | 2 | 3 | 4 | 7 |
| 5 | 1 | 7 |   |   | 6 | 8 |   | 2 |
| 3 | 4 | 2 | 7 | 8 |   | 5 | 1 | 6 |

### PUZZLE 2

| 6 |   | 2 | 3 | 9 | 5 | 1 |   |   |
|---|---|---|---|---|---|---|---|---|
| 5 | 8 | 4 | 2 |   | 7 | 9 | 3 |   |
| 1 | 9 | 3 |   | 4 | 8 |   | 5 |   |
| 7 | 3 | 1 | 5 | 2 | 6 |   | 9 | 8 |
| 4 |   | 9 |   | 7 | 1 | 6 | 2 | 3 |
| 8 | 2 | 6 | 9 |   | 4 | 5 | 1 | 7 |
| 2 |   |   | 7 | 5 | 9 | 3 | 6 |   |
| 3 | 1 | 5 | 4 | 6 |   | 8 |   | 9 |
| 9 | 6 | 7 |   |   | 3 |   | 4 |   |

### PUZZLE 3

| 8 | 1 |   | 4 |   | 7 |   | 6 |   |
|---|---|---|---|---|---|---|---|---|
| 4 | 3 | 6 | 9 | 5 | 1 | 7 |   | 8 |
| 2 |   |   | 3 |   | 8 |   | 4 | 5 |
| 5 |   | 1 |   | 7 | 2 | 9 | 3 | 4 |
| 7 | 4 | 8 | 6 |   | 3 |   | 5 | 1 |
| 9 | 2 | 3 | 1 | 4 |   |   | 7 | 6 |
|   | 5 | 2 | 7 | 8 | 6 | 4 | 9 |   |
| 6 | 8 | 4 | 2 | 3 |   | 5 | 1 | 7 |
|   | 9 | 7 | 5 | 1 |   | 6 |   | 2 |

### PUZZLE 4

| 5 |   | 1 | 2 |   | 4 | 9 | 7 | 3 |
|---|---|---|---|---|---|---|---|---|
|   | 7 |   |   | 1 |   | 4 | 2 | 5 |
| 2 |   | 4 | 3 | 7 | 5 | 8 | 6 | 1 |
| 3 | 2 | 6 | 8 |   |   |   | 5 | 4 |
|   | 4 | 5 | 7 |   |   |   | 9 | 8 |
|   | 8 | 9 | 5 | 4 | 6 | 3 |   |   |
|   | 1 |   | 9 | 5 |   | 2 | 3 | 6 |
| 9 |   | 8 |   |   | 2 | 5 | 4 | 7 |
|   | 5 | 2 | 4 | 3 | 7 | 1 | 8 | 9 |

# HAPPY Father's Day
## EASY SUDOKU

### PUZZLE 5

| 4 | 5 |   | 2 |   | 3 | 1 | 9 | 6 |
|---|---|---|---|---|---|---|---|---|
|   | 9 | 1 |   | 4 | 8 | 3 | 7 |   |
|   | 2 | 3 | 9 | 1 | 6 |   | 8 | 4 |
| 5 | 8 | 2 | 7 | 9 | 4 |   | 1 | 3 |
| 3 | 4 |   |   | 6 | 5 | 9 | 2 | 8 |
|   |   | 1 | 6 | 3 |   |   | 5 | 7 |
| 2 |   | 5 | 4 |   | 9 |   | 6 | 1 |
| 8 |   | 9 |   |   |   |   | 4 |   |
| 1 |   | 4 | 8 | 5 | 7 | 2 | 3 |   |

### PUZZLE 6

|   | 2 | 1 | 8 |   | 4 |   | 5 | 3 |
|---|---|---|---|---|---|---|---|---|
| 4 | 9 | 3 | 5 | 2 | 6 |   |   | 1 |
| 8 | 7 | 5 | 9 | 1 | 3 |   |   | 6 |
| 2 | 8 | 6 |   | 5 | 7 | 3 | 9 |   |
| 9 | 5 |   | 2 |   | 8 | 1 | 6 |   |
| 1 | 3 |   | 6 | 4 | 9 |   | 8 | 2 |
| 3 | 6 |   | 4 |   |   | 7 | 1 | 9 |
| 7 | 4 |   |   | 9 | 1 | 6 |   | 5 |
| 5 | 1 |   | 7 | 6 | 2 |   | 3 | 8 |

### PUZZLE 7

| 6 | 5 | 3 |   | 8 | 4 |   | 2 | 9 |
|---|---|---|---|---|---|---|---|---|
|   | 7 | 9 | 1 | 5 | 2 | 6 | 4 |   |
| 1 | 2 |   | 6 | 3 |   | 5 | 7 | 8 |
|   |   |   | 7 | 3 | 8 | 5 |   |   |
| 5 | 6 | 2 | 8 | 9 | 1 | 4 | 3 | 7 |
| 3 | 8 | 7 |   |   | 6 | 9 | 1 | 2 |
| 9 | 3 |   | 4 |   | 7 | 2 | 8 | 5 |
| 7 |   | 8 | 9 | 2 | 5 |   | 6 | 4 |
|   | 4 |   | 3 | 6 | 8 | 7 | 9 | 1 |

### PUZZLE 8

| 8 | 5 | 1 |   | 9 |   | 7 | 2 | 4 |
|---|---|---|---|---|---|---|---|---|
|   |   |   | 5 | 2 | 4 |   |   | 9 |
|   | 4 |   | 1 |   | 8 | 6 | 3 | 5 |
| 5 |   | 4 | 7 | 8 | 1 | 9 | 6 |   |
| 7 | 6 |   | 9 | 5 | 2 | 4 | 8 | 1 |
| 1 | 9 | 8 | 4 | 6 | 3 | 5 | 7 | 2 |
| 4 |   |   | 6 |   | 5 | 1 | 9 |   |
|   | 8 | 5 |   | 1 |   | 3 | 4 | 6 |
| 3 |   | 6 |   | 4 | 9 |   |   | 5 |

# HAPPY *Father's Day*
## EASY SUDOKU

### PUZZLE 9

| 3 |   | 4 | 8 | 1 | 6 |   | 7 | 2 |
|---|---|---|---|---|---|---|---|---|
|   | 5 | 2 | 9 |   | 4 | 8 |   | 1 |
| 1 | 6 | 8 | 7 | 5 |   | 3 | 4 |   |
| 6 | 3 | 7 | 5 | 2 |   | 4 | 1 | 8 |
|   |   | 5 |   | 7 | 8 | 2 | 9 | 3 |
| 2 | 8 |   | 3 | 4 | 1 |   | 5 | 7 |
|   | 4 | 1 |   |   | 5 | 7 | 3 |   |
| 5 | 2 | 3 | 1 | 6 | 7 | 9 | 8 | 4 |
| 9 |   | 6 | 4 | 8 | 3 |   | 2 | 5 |

### PUZZLE 10

| 6 | 7 | 2 | 4 |   | 3 |   |   |   |
|---|---|---|---|---|---|---|---|---|
|   | 9 | 2 | 1 | 5 |   | 8 | 7 | 6 |
| 8 |   |   | 7 | 9 | 6 |   |   |   |
| 3 | 2 |   | 5 | 4 |   | 9 | 1 | 8 |
| 1 | 5 | 7 | 8 | 3 | 9 |   | 2 | 4 |
| 9 | 8 | 4 |   | 6 | 2 | 5 | 3 | 7 |
| 7 | 9 | 1 |   | 2 |   | 3 | 8 | 5 |
|   | 6 | 8 | 3 | 7 | 1 | 4 | 9 | 2 |
| 2 | 4 |   | 9 | 5 | 8 |   | 6 | 1 |

### PUZZLE 11

| 1 | 2 | 3 | 9 | 8 | 5 | 7 | 4 | 6 |
|---|---|---|---|---|---|---|---|---|
|   |   | 6 | 2 | 4 |   |   |   | 5 |
| 5 | 4 | 8 | 1 | 7 | 6 | 3 |   | 2 |
| 8 | 1 |   | 6 | 9 |   | 5 | 3 | 7 |
|   | 9 |   |   | 3 | 4 | 6 | 8 |   |
| 3 | 6 |   | 7 |   | 8 |   | 2 |   |
|   | 5 |   | 8 | 2 | 1 | 9 |   | 3 |
| 6 | 8 | 1 | 3 | 5 | 9 | 2 |   | 4 |
|   |   |   | 4 | 6 |   | 1 | 5 | 8 |

### PUZZLE 12

| | 5 | 2 |   | 3 | 7 | 6 |   |   |
|---|---|---|---|---|---|---|---|---|
| 7 |   | 3 | 1 |   | 9 |   | 2 |   |
|   |   | 6 | 4 | 5 | 2 | 3 | 8 |   |
| 3 | 7 |   |   | 8 | 5 | 2 | 4 | 9 |
| 5 | 6 |   | 2 | 9 | 1 | 8 | 7 | 3 |
| 2 | 9 |   |   | 4 | 3 | 1 | 5 | 6 |
| 1 |   | 7 | 3 | 2 |   | 9 | 6 | 5 |
| 8 |   | 9 | 5 | 7 | 6 | 4 | 1 | 2 |
|   | 5 | 9 | 1 | 4 | 7 | 3 | 8 |   |

# HAPPY Father's Day
## EASY SUDOKU

## PUZZLE 13

| | 4 | 3 | 6 | 9 | | 1 | 8 | 2 |
|---|---|---|---|---|---|---|---|---|
| 6 | 9 | | | 5 | 2 | 3 | 7 | |
| | 2 | 7 | 3 | | | 5 | 9 | 6 |
| 2 | | | 8 | 1 | 5 | | 3 | 9 |
| | 8 | 1 | 2 | | 3 | 6 | | |
| 3 | | 4 | 7 | 6 | | 8 | 2 | 1 |
| 4 | | 5 | | 2 | 8 | | 6 | 3 |
| 7 | | 2 | 5 | 3 | 1 | 9 | 4 | 8 |
| 8 | | 9 | | 7 | | 2 | 1 | 5 |

## PUZZLE 14

| | 6 | | 3 | 7 | 4 | 5 | | 1 |
|---|---|---|---|---|---|---|---|---|
| | 9 | 5 | 6 | 8 | 2 | 4 | | 7 |
| 7 | | 4 | | 5 | 1 | 2 | 8 | 6 |
| | 4 | 1 | 8 | 6 | | 7 | | 5 |
| | 5 | | 2 | 1 | 7 | 6 | 4 | |
| 6 | 2 | 7 | 4 | 3 | 5 | 9 | | 8 |
| | 8 | | 7 | 9 | 6 | | 5 | 4 |
| | 7 | 9 | | 4 | 3 | 8 | 6 | 2 |
| 4 | 1 | 6 | 5 | | | 8 | 3 | 9 |

## PUZZLE 15

| | 6 | 9 | | 7 | 3 | | 8 | |
|---|---|---|---|---|---|---|---|---|
| 7 | 4 | 8 | 1 | | 2 | | | 9 |
| | | 3 | 9 | 8 | 6 | 2 | | 4 |
| 4 | 7 | 2 | 5 | 3 | 9 | 6 | 1 | 8 |
| | 3 | 6 | 8 | 2 | | 5 | 4 | |
| 5 | 8 | 1 | | 6 | 4 | 9 | | 3 |
| | | 5 | 3 | 4 | | 8 | 9 | 1 |
| 8 | 1 | 7 | 6 | | 5 | | 3 | |
| 3 | 9 | 4 | 2 | | 8 | 7 | 5 | 6 |

## PUZZLE 16

| 6 | | | | 8 | | 1 | 9 | 4 |
|---|---|---|---|---|---|---|---|---|
| | 9 | 1 | 2 | 5 | 6 | | 3 | 7 |
| 3 | 8 | 7 | 9 | 4 | | | 5 | 6 |
| 8 | 2 | 5 | 4 | 1 | 9 | 7 | 6 | 3 |
| | | 3 | | 2 | 7 | 9 | 8 | |
| 9 | | 6 | | | 5 | 4 | 1 | 2 |
| 5 | 6 | 9 | 7 | 8 | 4 | 3 | 2 | |
| 7 | 3 | 8 | 1 | 6 | 2 | | 4 | |
| 2 | 1 | 4 | | 9 | 3 | 6 | 7 | 8 |

# HAPPY Father's Day
## EASY SUDOKU

### PUZZLE 17

| 4 |   |   | 1 | 2 | 3 | 8 | 6 | 9 |
|---|---|---|---|---|---|---|---|---|
| 2 | 9 |   |   | 8 | 6 | 7 |   | 3 |
|   | 3 |   |   | 5 | 7 | 4 |   | 1 |
|   | 6 | 8 | 2 | 4 | 1 | 9 | 3 | 5 |
| 9 | 4 |   |   | 7 |   |   | 8 | 2 |
| 5 | 1 | 2 | 8 | 3 | 9 |   |   | 4 |
| 1 |   | 5 |   | 6 | 4 | 2 | 9 | 7 |
|   | 2 | 4 | 7 | 9 | 8 | 5 | 1 | 6 |
| 6 |   | 9 |   | 1 | 2 | 3 | 4 | 8 |

### PUZZLE 18

|   | 3 | 9 |   | 7 | 6 | 1 | 2 |   |
|---|---|---|---|---|---|---|---|---|
| 1 | 7 | 8 | 3 | 9 | 2 | 4 | 5 | 6 |
|   | 5 | 6 |   | 8 | 1 | 7 |   | 3 |
| 5 | 9 | 7 |   | 6 |   | 8 |   | 1 |
| 8 |   | 2 | 9 | 1 | 3 |   |   | 5 |
| 3 |   | 1 | 7 |   | 8 | 9 |   | 2 |
| 6 |   | 5 | 8 |   | 9 | 3 | 1 | 7 |
| 9 | 8 |   | 1 | 2 | 7 | 5 | 6 | 4 |
| 7 | 1 | 4 |   | 3 | 5 |   | 8 |   |

### PUZZLE 19

| 9 | 7 | 6 | 1 | 4 |   | 3 |   | 2 |
|---|---|---|---|---|---|---|---|---|
| 4 |   | 1 | 2 | 3 | 8 | 6 |   |   |
| 2 | 3 | 8 | 7 |   | 9 | 1 | 5 |   |
| 3 | 2 | 7 | 8 | 1 | 6 |   | 4 | 9 |
|   | 4 | 9 |   | 2 | 3 |   | 7 | 6 |
| 6 | 8 | 5 |   | 9 | 7 |   |   | 3 |
|   | 1 | 2 | 6 | 8 | 4 | 9 | 3 | 5 |
|   |   | 4 |   | 5 |   |   | 6 |   |
|   | 6 |   | 9 | 7 | 1 | 4 | 2 | 8 |

### PUZZLE 20

| 1 | 5 | 4 |   | 7 | 9 | 3 | 6 | 8 |
|---|---|---|---|---|---|---|---|---|
| 6 | 8 | 3 | 5 | 4 | 1 | 9 | 7 | 2 |
| 9 | 2 | 7 | 6 | 3 |   |   | 1 | 5 |
| 3 | 6 | 8 |   | 1 | 2 | 5 |   |   |
|   | 9 | 1 | 4 |   |   | 3 | 7 | 2 |
| 4 | 7 | 2 | 9 | 5 | 6 |   |   | 3 |
|   | 3 | 9 | 1 | 6 |   | 4 | 8 | 7 |
| 8 | 4 | 5 | 3 |   | 7 | 6 |   | 1 |
|   | 1 |   | 8 |   |   |   | 2 | 3 |

# HAPPY Father's Day

## EASY SUDOKU

### PUZZLE 21

| | | | | | | | | |
|---|---|---|---|---|---|---|---|---|
| 8 | 6 | 3 | 5 | | | | 1 | 2 |
| | 4 | 5 | 6 | | 2 | | 3 | 9 |
| | | 9 | 8 | 3 | | 4 | 5 | 6 |
| 5 | 9 | 1 | 4 | | 6 | | 7 | 3 |
| 7 | 8 | 2 | | 5 | 3 | 6 | 9 | 4 |
| 6 | | | 7 | 2 | 9 | 1 | 8 | 5 |
| 9 | 1 | 8 | 2 | 6 | 5 | 3 | | 7 |
| 3 | 2 | 7 | | | 8 | | 6 | 1 |
| 4 | 5 | 6 | 3 | 1 | | 9 | 2 | 8 |

### PUZZLE 22

| | | | | | | | | |
|---|---|---|---|---|---|---|---|---|
| | 9 | 4 | | | 7 | 2 | 1 | 3 |
| 8 | 6 | 7 | 3 | 2 | 1 | 5 | 9 | |
| | 1 | 3 | | | | 7 | 6 | 8 |
| 6 | | 9 | 1 | 5 | 8 | 3 | 4 | 7 |
| 4 | | 8 | 9 | 7 | | 1 | | 2 |
| 1 | 7 | 5 | | 3 | 2 | 9 | | 6 |
| 3 | | | 7 | | | 8 | 2 | |
| 9 | | 2 | 6 | 8 | 3 | | 7 | 1 |
| 7 | 8 | 1 | 2 | 4 | 5 | 6 | 3 | 9 |

### PUZZLE 23

| | | | | | | | | |
|---|---|---|---|---|---|---|---|---|
| | 3 | 2 | 9 | | | 5 | 7 | 4 |
| 5 | | 4 | 8 | 7 | 3 | 2 | | 1 |
| 6 | 7 | | 2 | 5 | | 3 | 8 | 9 |
| 4 | 2 | 8 | 7 | 9 | 1 | 6 | 5 | |
| | 1 | 5 | 6 | | 8 | 4 | 9 | |
| 7 | 6 | 9 | 4 | 3 | 5 | 8 | 1 | 2 |
| 1 | 8 | 6 | 3 | 4 | 7 | | | 5 |
| | 5 | | | 6 | 9 | | 4 | 8 |
| 9 | 4 | | 5 | 8 | 2 | 1 | | 6 |

### PUZZLE 24

| | | | | | | | | |
|---|---|---|---|---|---|---|---|---|
| 7 | 6 | | 8 | 3 | 4 | 5 | | |
| 5 | | 1 | 2 | | | 6 | 8 | 3 |
| | 8 | 3 | 5 | | 1 | 7 | 4 | |
| 1 | 2 | 6 | 3 | 8 | 7 | 4 | 5 | 9 |
| | | 9 | 1 | 4 | | 2 | 3 | |
| 3 | 5 | | 6 | 9 | 2 | 1 | 7 | 8 |
| 2 | | 8 | 7 | 5 | 3 | 9 | 6 | 4 |
| 6 | | | 4 | 2 | 8 | | | 7 |
| | 3 | 7 | | 1 | 6 | 8 | 2 | 5 |

# HAPPY Father's Day

## EASY SUDOKU- ANSWERS

| | | | | | | | | |
|---|---|---|---|---|---|---|---|---|
| 1 | 6 | 5 | 9 | 2 | 8 | 7 | 3 | 4 |
| 2 | 3 | 4 | 6 | 1 | 7 | 9 | 5 | 8 |
| 7 | 8 | 9 | 4 | 3 | 5 | 2 | 6 | 1 |
| 9 | 2 | 8 | 5 | 6 | 4 | 1 | 7 | 3 |
| 4 | 5 | 3 | 8 | 7 | 1 | 6 | 2 | 9 |
| 6 | 7 | 1 | 2 | 9 | 3 | 4 | 8 | 5 |
| 8 | 9 | 6 | 1 | 5 | 2 | 3 | 4 | 7 |
| 5 | 1 | 7 | 3 | 4 | 6 | 8 | 9 | 2 |
| 3 | 4 | 2 | 7 | 8 | 9 | 5 | 1 | 6 |

| | | | | | | | | |
|---|---|---|---|---|---|---|---|---|
| 6 | 7 | 2 | 3 | 9 | 5 | 1 | 8 | 4 |
| 5 | 8 | 4 | 2 | 1 | 7 | 9 | 3 | 6 |
| 1 | 9 | 3 | 6 | 4 | 8 | 7 | 5 | 2 |
| 7 | 3 | 1 | 5 | 2 | 6 | 4 | 9 | 8 |
| 4 | 5 | 9 | 8 | 7 | 1 | 6 | 2 | 3 |
| 8 | 2 | 6 | 9 | 3 | 4 | 5 | 1 | 7 |
| 2 | 4 | 8 | 7 | 5 | 9 | 3 | 6 | 1 |
| 3 | 1 | 5 | 4 | 6 | 2 | 8 | 7 | 9 |
| 9 | 6 | 7 | 1 | 8 | 3 | 2 | 4 | 5 |

| | | | | | | | | |
|---|---|---|---|---|---|---|---|---|
| 8 | 1 | 5 | 4 | 2 | 7 | 3 | 6 | 9 |
| 4 | 3 | 6 | 9 | 5 | 1 | 7 | 2 | 8 |
| 2 | 7 | 9 | 3 | 6 | 8 | 1 | 4 | 5 |
| 5 | 6 | 1 | 8 | 7 | 2 | 9 | 3 | 4 |
| 7 | 4 | 8 | 6 | 9 | 3 | 2 | 5 | 1 |
| 9 | 2 | 3 | 1 | 4 | 5 | 8 | 7 | 6 |
| 1 | 5 | 2 | 7 | 8 | 6 | 4 | 9 | 3 |
| 6 | 8 | 4 | 2 | 3 | 9 | 5 | 1 | 7 |
| 3 | 9 | 7 | 5 | 1 | 4 | 6 | 8 | 2 |

| | | | | | | | | |
|---|---|---|---|---|---|---|---|---|
| 5 | 6 | 1 | 2 | 8 | 4 | 9 | 7 | 3 |
| 8 | 7 | 3 | 6 | 9 | 1 | 4 | 2 | 5 |
| 2 | 9 | 4 | 3 | 7 | 5 | 8 | 6 | 1 |
| 3 | 2 | 6 | 8 | 1 | 9 | 7 | 5 | 4 |
| 1 | 4 | 5 | 7 | 2 | 3 | 6 | 9 | 8 |
| 7 | 8 | 9 | 5 | 4 | 6 | 3 | 1 | 2 |
| 4 | 1 | 7 | 9 | 5 | 8 | 2 | 3 | 6 |
| 9 | 3 | 8 | 1 | 6 | 2 | 5 | 4 | 7 |
| 6 | 5 | 2 | 4 | 3 | 7 | 1 | 8 | 9 |

| | | | | | | | | |
|---|---|---|---|---|---|---|---|---|
| 4 | 5 | 8 | 2 | 7 | 3 | 1 | 9 | 6 |
| 6 | 9 | 1 | 5 | 4 | 8 | 3 | 7 | 2 |
| 7 | 2 | 3 | 9 | 1 | 6 | 5 | 8 | 4 |
| 5 | 8 | 2 | 7 | 9 | 4 | 6 | 1 | 3 |
| 3 | 4 | 7 | 1 | 6 | 5 | 9 | 2 | 8 |
| 9 | 1 | 6 | 3 | 8 | 2 | 4 | 5 | 7 |
| 2 | 7 | 5 | 4 | 3 | 9 | 8 | 6 | 1 |
| 8 | 3 | 9 | 6 | 2 | 1 | 7 | 4 | 5 |
| 1 | 6 | 4 | 8 | 5 | 7 | 2 | 3 | 9 |

| | | | | | | | | |
|---|---|---|---|---|---|---|---|---|
| 6 | 2 | 1 | 8 | 7 | 4 | 9 | 5 | 3 |
| 4 | 9 | 3 | 5 | 2 | 6 | 8 | 7 | 1 |
| 8 | 7 | 5 | 9 | 1 | 3 | 2 | 4 | 6 |
| 2 | 8 | 6 | 1 | 5 | 7 | 3 | 9 | 4 |
| 9 | 5 | 4 | 2 | 3 | 8 | 1 | 6 | 7 |
| 1 | 3 | 7 | 6 | 4 | 9 | 5 | 8 | 2 |
| 3 | 6 | 2 | 4 | 8 | 5 | 7 | 1 | 9 |
| 7 | 4 | 8 | 3 | 9 | 1 | 6 | 2 | 5 |
| 5 | 1 | 9 | 7 | 6 | 2 | 4 | 3 | 8 |

# HAPPY Father's Day

## EASY SUDOKU- ANSWERS

| | | | | | | | | |
|---|---|---|---|---|---|---|---|---|
| 6 | 5 | 3 | 7 | 8 | 4 | 1 | 2 | 9 |
| 8 | 7 | 9 | 1 | 5 | 2 | 6 | 4 | 3 |
| 1 | 2 | 4 | 6 | 3 | 9 | 5 | 7 | 8 |
| 4 | 9 | 1 | 2 | 7 | 3 | 8 | 5 | 6 |
| 5 | 6 | 2 | 8 | 9 | 1 | 4 | 3 | 7 |
| 3 | 8 | 7 | 5 | 4 | 6 | 9 | 1 | 2 |
| 9 | 3 | 6 | 4 | 1 | 7 | 2 | 8 | 5 |
| 7 | 1 | 8 | 9 | 2 | 5 | 3 | 6 | 4 |
| 2 | 4 | 5 | 3 | 6 | 8 | 7 | 9 | 1 |

| | | | | | | | | |
|---|---|---|---|---|---|---|---|---|
| 8 | 5 | 1 | 3 | 9 | 6 | 7 | 2 | 4 |
| 6 | 3 | 7 | 5 | 2 | 4 | 8 | 1 | 9 |
| 2 | 4 | 9 | 1 | 7 | 8 | 6 | 3 | 5 |
| 5 | 2 | 4 | 7 | 8 | 1 | 9 | 6 | 3 |
| 7 | 6 | 3 | 9 | 5 | 2 | 4 | 8 | 1 |
| 1 | 9 | 8 | 4 | 6 | 3 | 5 | 7 | 2 |
| 4 | 7 | 2 | 6 | 3 | 5 | 1 | 9 | 8 |
| 9 | 8 | 5 | 2 | 1 | 7 | 3 | 4 | 6 |
| 3 | 1 | 6 | 8 | 4 | 9 | 2 | 5 | 7 |

| | | | | | | | | |
|---|---|---|---|---|---|---|---|---|
| 3 | 9 | 4 | 8 | 1 | 6 | 5 | 7 | 2 |
| 7 | 5 | 2 | 9 | 3 | 4 | 8 | 6 | 1 |
| 1 | 6 | 8 | 7 | 5 | 2 | 3 | 4 | 9 |
| 6 | 3 | 7 | 5 | 2 | 9 | 4 | 1 | 8 |
| 4 | 1 | 5 | 6 | 7 | 8 | 2 | 9 | 3 |
| 2 | 8 | 9 | 3 | 4 | 1 | 6 | 5 | 7 |
| 8 | 4 | 1 | 2 | 9 | 5 | 7 | 3 | 6 |
| 5 | 2 | 3 | 1 | 6 | 7 | 9 | 8 | 4 |
| 9 | 7 | 6 | 4 | 8 | 3 | 1 | 2 | 5 |

| | | | | | | | | |
|---|---|---|---|---|---|---|---|---|
| 6 | 7 | 2 | 4 | 8 | 3 | 1 | 5 | 9 |
| 4 | 3 | 9 | 2 | 1 | 5 | 8 | 7 | 6 |
| 8 | 1 | 5 | 7 | 9 | 6 | 2 | 4 | 3 |
| 3 | 2 | 6 | 5 | 4 | 7 | 9 | 1 | 8 |
| 1 | 5 | 7 | 8 | 3 | 9 | 6 | 2 | 4 |
| 9 | 8 | 4 | 1 | 6 | 2 | 5 | 3 | 7 |
| 7 | 9 | 1 | 6 | 2 | 4 | 3 | 8 | 5 |
| 5 | 6 | 8 | 3 | 7 | 1 | 4 | 9 | 2 |
| 2 | 4 | 3 | 9 | 5 | 8 | 7 | 6 | 1 |

| | | | | | | | | |
|---|---|---|---|---|---|---|---|---|
| 1 | 2 | 3 | 9 | 8 | 5 | 7 | 4 | 6 |
| 9 | 7 | 6 | 2 | 4 | 3 | 8 | 1 | 5 |
| 5 | 4 | 8 | 1 | 7 | 6 | 3 | 9 | 2 |
| 8 | 1 | 4 | 6 | 9 | 2 | 5 | 3 | 7 |
| 7 | 9 | 2 | 5 | 3 | 4 | 6 | 8 | 1 |
| 3 | 6 | 5 | 7 | 1 | 8 | 4 | 2 | 9 |
| 4 | 5 | 7 | 8 | 2 | 1 | 9 | 6 | 3 |
| 6 | 8 | 1 | 3 | 5 | 9 | 2 | 7 | 4 |
| 2 | 3 | 9 | 4 | 6 | 7 | 1 | 5 | 8 |

| | | | | | | | | |
|---|---|---|---|---|---|---|---|---|
| 4 | 5 | 2 | 8 | 3 | 7 | 6 | 9 | 1 |
| 7 | 8 | 3 | 1 | 6 | 9 | 5 | 2 | 4 |
| 9 | 1 | 6 | 4 | 5 | 2 | 3 | 8 | 7 |
| 3 | 7 | 1 | 6 | 8 | 5 | 2 | 4 | 9 |
| 5 | 6 | 4 | 2 | 9 | 1 | 8 | 7 | 3 |
| 2 | 9 | 8 | 7 | 4 | 3 | 1 | 5 | 6 |
| 1 | 4 | 7 | 3 | 2 | 8 | 9 | 6 | 5 |
| 8 | 3 | 9 | 5 | 7 | 6 | 4 | 1 | 2 |
| 6 | 2 | 5 | 9 | 1 | 4 | 7 | 3 | 8 |

# HAPPY Father's Day
## EASY SUDOKU- ANSWERS

| 5 | 4 | 3 | 6 | 9 | 7 | 1 | 8 | 2 |
|---|---|---|---|---|---|---|---|---|
| 6 | 9 | 8 | 1 | 5 | 2 | 3 | 7 | 4 |
| 1 | 2 | 7 | 3 | 8 | 4 | 5 | 9 | 6 |
| 2 | 7 | 6 | 8 | 1 | 5 | 4 | 3 | 9 |
| 9 | 8 | 1 | 2 | 4 | 3 | 6 | 5 | 7 |
| 3 | 5 | 4 | 7 | 6 | 9 | 8 | 2 | 1 |
| 4 | 1 | 5 | 9 | 2 | 8 | 7 | 6 | 3 |
| 7 | 6 | 2 | 5 | 3 | 1 | 9 | 4 | 8 |
| 8 | 3 | 9 | 4 | 7 | 6 | 2 | 1 | 5 |

| 8 | 6 | 2 | 3 | 7 | 4 | 5 | 9 | 1 |
|---|---|---|---|---|---|---|---|---|
| 1 | 9 | 5 | 6 | 8 | 2 | 4 | 3 | 7 |
| 7 | 3 | 4 | 9 | 5 | 1 | 2 | 8 | 6 |
| 3 | 4 | 1 | 8 | 6 | 9 | 7 | 2 | 5 |
| 9 | 5 | 8 | 2 | 1 | 7 | 6 | 4 | 3 |
| 6 | 2 | 7 | 4 | 3 | 5 | 9 | 1 | 8 |
| 2 | 8 | 3 | 7 | 9 | 6 | 1 | 5 | 4 |
| 5 | 7 | 9 | 1 | 4 | 3 | 8 | 6 | 2 |
| 4 | 1 | 6 | 5 | 2 | 8 | 3 | 7 | 9 |

| 2 | 6 | 9 | 4 | 7 | 3 | 1 | 8 | 5 |
|---|---|---|---|---|---|---|---|---|
| 7 | 4 | 8 | 1 | 5 | 2 | 3 | 6 | 9 |
| 1 | 5 | 3 | 9 | 8 | 6 | 2 | 7 | 4 |
| 4 | 7 | 2 | 5 | 3 | 9 | 6 | 1 | 8 |
| 9 | 3 | 6 | 8 | 2 | 1 | 5 | 4 | 7 |
| 5 | 8 | 1 | 7 | 6 | 4 | 9 | 2 | 3 |
| 6 | 2 | 5 | 3 | 4 | 7 | 8 | 9 | 1 |
| 8 | 1 | 7 | 6 | 9 | 5 | 4 | 3 | 2 |
| 3 | 9 | 4 | 2 | 1 | 8 | 7 | 5 | 6 |

| 6 | 5 | 2 | 3 | 7 | 8 | 1 | 9 | 4 |
|---|---|---|---|---|---|---|---|---|
| 4 | 9 | 1 | 2 | 5 | 6 | 8 | 3 | 7 |
| 3 | 8 | 7 | 9 | 4 | 1 | 2 | 5 | 6 |
| 8 | 2 | 5 | 4 | 1 | 9 | 7 | 6 | 3 |
| 1 | 4 | 3 | 6 | 2 | 7 | 9 | 8 | 5 |
| 9 | 7 | 6 | 8 | 3 | 5 | 4 | 1 | 2 |
| 5 | 6 | 9 | 7 | 8 | 4 | 3 | 2 | 1 |
| 7 | 3 | 8 | 1 | 6 | 2 | 5 | 4 | 9 |
| 2 | 1 | 4 | 5 | 9 | 3 | 6 | 7 | 8 |

| 4 | 2 | 7 | 1 | 3 | 9 | 5 | 8 | 6 |
|---|---|---|---|---|---|---|---|---|
| 6 | 3 | 1 | 2 | 8 | 5 | 7 | 9 | 4 |
| 9 | 8 | 5 | 7 | 6 | 4 | 2 | 3 | 1 |
| 3 | 6 | 2 | 8 | 7 | 1 | 4 | 5 | 9 |
| 8 | 5 | 9 | 3 | 4 | 6 | 1 | 2 | 7 |
| 1 | 7 | 4 | 5 | 9 | 2 | 8 | 6 | 3 |
| 5 | 9 | 6 | 4 | 2 | 7 | 3 | 1 | 8 |
| 7 | 1 | 8 | 9 | 5 | 3 | 6 | 4 | 2 |
| 2 | 4 | 3 | 6 | 1 | 8 | 9 | 7 | 5 |

| 6 | 7 | 2 | 4 | 5 | 3 | 1 | 8 | 9 |
|---|---|---|---|---|---|---|---|---|
| 4 | 9 | 3 | 2 | 1 | 8 | 6 | 5 | 7 |
| 1 | 8 | 5 | 9 | 6 | 7 | 4 | 3 | 2 |
| 9 | 2 | 1 | 6 | 7 | 5 | 8 | 4 | 3 |
| 3 | 6 | 7 | 8 | 4 | 2 | 9 | 1 | 5 |
| 8 | 5 | 4 | 1 | 3 | 9 | 2 | 7 | 6 |
| 7 | 1 | 6 | 5 | 9 | 4 | 3 | 2 | 8 |
| 5 | 4 | 8 | 3 | 2 | 6 | 7 | 9 | 1 |
| 2 | 3 | 9 | 7 | 8 | 1 | 5 | 6 | 4 |

# HAPPY Father's Day

## EASY SUDOKU- ANSWERS

| | | | | | | | | |
|---|---|---|---|---|---|---|---|---|
| 5 | 1 | 2 | 8 | 9 | 7 | 4 | 3 | 6 |
| 6 | 3 | 4 | 5 | 1 | 2 | 8 | 7 | 9 |
| 8 | 9 | 7 | 4 | 6 | 3 | 2 | 1 | 5 |
| 7 | 8 | 1 | 2 | 5 | 9 | 3 | 6 | 4 |
| 4 | 2 | 6 | 7 | 3 | 1 | 5 | 9 | 8 |
| 9 | 5 | 3 | 6 | 4 | 8 | 1 | 2 | 7 |
| 1 | 7 | 8 | 9 | 2 | 5 | 6 | 4 | 3 |
| 3 | 6 | 5 | 1 | 7 | 4 | 9 | 8 | 2 |
| 2 | 4 | 9 | 3 | 8 | 6 | 7 | 5 | 1 |

| | | | | | | | | |
|---|---|---|---|---|---|---|---|---|
| 5 | 2 | 1 | 9 | 3 | 8 | 7 | 4 | 6 |
| 3 | 9 | 8 | 4 | 6 | 7 | 5 | 2 | 1 |
| 4 | 7 | 6 | 2 | 5 | 1 | 9 | 3 | 8 |
| 6 | 3 | 2 | 5 | 1 | 4 | 8 | 9 | 7 |
| 7 | 5 | 4 | 8 | 9 | 2 | 1 | 6 | 3 |
| 1 | 8 | 9 | 6 | 7 | 3 | 2 | 5 | 4 |
| 8 | 4 | 3 | 1 | 2 | 5 | 6 | 7 | 9 |
| 9 | 1 | 5 | 7 | 4 | 6 | 3 | 8 | 2 |
| 2 | 6 | 7 | 3 | 8 | 9 | 4 | 1 | 5 |

| | | | | | | | | |
|---|---|---|---|---|---|---|---|---|
| 8 | 6 | 3 | 5 | 9 | 4 | 7 | 1 | 2 |
| 1 | 4 | 5 | 6 | 7 | 2 | 8 | 3 | 9 |
| 2 | 7 | 9 | 8 | 3 | 1 | 4 | 5 | 6 |
| 5 | 9 | 1 | 4 | 8 | 6 | 2 | 7 | 3 |
| 7 | 8 | 2 | 1 | 5 | 3 | 6 | 9 | 4 |
| 6 | 3 | 4 | 7 | 2 | 9 | 1 | 8 | 5 |
| 9 | 1 | 8 | 2 | 6 | 5 | 3 | 4 | 7 |
| 3 | 2 | 7 | 9 | 4 | 8 | 5 | 6 | 1 |
| 4 | 5 | 6 | 3 | 1 | 7 | 9 | 2 | 8 |

| | | | | | | | | |
|---|---|---|---|---|---|---|---|---|
| 5 | 9 | 4 | 8 | 6 | 7 | 2 | 1 | 3 |
| 8 | 6 | 7 | 3 | 2 | 1 | 5 | 9 | 4 |
| 2 | 1 | 3 | 5 | 9 | 4 | 7 | 6 | 8 |
| 6 | 2 | 9 | 1 | 5 | 8 | 3 | 4 | 7 |
| 4 | 3 | 8 | 9 | 7 | 6 | 1 | 5 | 2 |
| 1 | 7 | 5 | 4 | 3 | 2 | 9 | 8 | 6 |
| 3 | 4 | 6 | 7 | 1 | 9 | 8 | 2 | 5 |
| 9 | 5 | 2 | 6 | 8 | 3 | 4 | 7 | 1 |
| 7 | 8 | 1 | 2 | 4 | 5 | 6 | 3 | 9 |

| | | | | | | | | |
|---|---|---|---|---|---|---|---|---|
| 8 | 3 | 2 | 9 | 1 | 6 | 5 | 7 | 4 |
| 5 | 9 | 4 | 8 | 7 | 3 | 2 | 6 | 1 |
| 6 | 7 | 1 | 2 | 5 | 4 | 3 | 8 | 9 |
| 4 | 2 | 8 | 7 | 9 | 1 | 6 | 5 | 3 |
| 3 | 1 | 5 | 6 | 2 | 8 | 4 | 9 | 7 |
| 7 | 6 | 9 | 4 | 3 | 5 | 8 | 1 | 2 |
| 1 | 8 | 6 | 3 | 4 | 7 | 9 | 2 | 5 |
| 2 | 5 | 3 | 1 | 6 | 9 | 7 | 4 | 8 |
| 9 | 4 | 7 | 5 | 8 | 2 | 1 | 3 | 6 |

| | | | | | | | | |
|---|---|---|---|---|---|---|---|---|
| 7 | 6 | 2 | 8 | 3 | 4 | 5 | 9 | 1 |
| 5 | 4 | 1 | 2 | 7 | 9 | 6 | 8 | 3 |
| 9 | 8 | 3 | 5 | 6 | 1 | 7 | 4 | 2 |
| 1 | 2 | 6 | 3 | 8 | 7 | 4 | 5 | 9 |
| 8 | 7 | 9 | 1 | 4 | 5 | 2 | 3 | 6 |
| 3 | 5 | 4 | 6 | 9 | 2 | 1 | 7 | 8 |
| 2 | 1 | 8 | 7 | 5 | 3 | 9 | 6 | 4 |
| 6 | 9 | 5 | 4 | 2 | 8 | 3 | 1 | 7 |
| 4 | 3 | 7 | 9 | 1 | 6 | 8 | 2 | 5 |

# HAPPY
## Father's Day
# MEDIUM SUDOKU

# HAPPY Father's Day

## MEDIUM SUDOKU

### PUZZLE 1

| | | | | | | | | |
|---|---|---|---|---|---|---|---|---|
| 8 | 6 | 2 | | | | 5 | 7 | 1 |
| 1 | | 9 | 2 | | 7 | | 3 | |
| 7 | 5 | 3 | 1 | | 6 | | | |
| 6 | | 5 | 4 | 2 | 1 | 3 | 9 | 7 |
| | 9 | 1 | 5 | 7 | 3 | 2 | | 6 |
| | | | | | 8 | 1 | 4 | |
| 9 | 1 | | | 4 | | 8 | | 3 |
| | | | | | 5 | | | |
| 5 | 2 | 8 | | 1 | 9 | | 6 | 4 |

### PUZZLE 2

| | | | | | | | | |
|---|---|---|---|---|---|---|---|---|
| | 9 | | 7 | | | | 6 | 5 |
| 1 | | | 2 | 8 | | | 4 | 7 |
| 6 | 4 | 7 | | | 1 | | | |
| | 8 | | 4 | 7 | | 5 | 1 | 9 |
| | | | | 2 | 8 | 4 | 7 | 3 |
| | 7 | | | | | | 2 | |
| 4 | 2 | 5 | 9 | 1 | | 6 | 3 | |
| | 6 | 8 | 3 | 4 | 2 | | 5 | |
| 7 | 3 | 1 | 8 | | 5 | 2 | 9 | 4 |

### PUZZLE 3

| | | | | | | | | |
|---|---|---|---|---|---|---|---|---|
| 5 | 3 | 2 | 7 | | 4 | 9 | 8 | 6 |
| | | 1 | 3 | | 9 | | 5 | 4 |
| 4 | 8 | | 2 | | 6 | | 3 | |
| | | 5 | | | 7 | | 4 | 3 |
| | | | | | 1 | | 6 | 9 |
| | 4 | | 5 | | 8 | 1 | 7 | |
| | 5 | | | | 3 | 6 | 2 | 8 |
| 2 | 1 | 3 | 8 | 6 | | | 9 | |
| | 6 | 7 | 9 | 4 | | | 1 | |

### PUZZLE 4

| | | | | | | | | |
|---|---|---|---|---|---|---|---|---|
| | 9 | | | 5 | | 4 | | 6 |
| 6 | 8 | | 1 | | 4 | 9 | | |
| 5 | 1 | 4 | | | 7 | | | 3 |
| 1 | 3 | | 2 | 6 | | 5 | | |
| 4 | 5 | 9 | | | 8 | | 6 | 2 |
| 2 | 6 | | | 4 | 5 | 7 | 9 | 1 |
| 8 | | | | 7 | 6 | | | |
| 3 | 7 | 6 | 9 | | | | 5 | |
| 9 | 4 | 1 | 5 | 2 | | 6 | 8 | |

# HAPPY
## *Father's Day*
# MEDIUM SUDOKU

## PUZZLE 5

| 1 | 9 | 3 |   | 6 | 4 | 2 | 8 | 7 |
|---|---|---|---|---|---|---|---|---|
|   | 4 | 8 | 3 | 2 | 7 | 1 |   |   |
| 6 | 2 |   | 9 |   |   |   | 4 | 3 |
|   | 7 | 2 |   | 3 | 6 | 4 | 5 | 9 |
| 9 |   | 1 | 4 | 5 | 2 | 7 |   |   |
| 4 | 6 |   | 7 | 9 |   | 3 | 1 | 2 |
| 3 |   |   |   |   |   | 8 |   | 1 |
| 2 | 1 | 9 | 8 | 7 | 5 |   |   |   |
| 7 | 8 | 4 |   |   |   |   |   | 5 |

## PUZZLE 6

|   |   |   | 2 | 1 |   | 3 | 5 | 9 |
|---|---|---|---|---|---|---|---|---|
| 5 |   | 7 | 9 |   |   | 8 | 1 | 4 |
|   | 1 | 3 |   | 8 | 5 | 2 | 7 | 6 |
| 2 | 3 |   | 8 | 7 |   |   |   | 1 |
| 8 |   |   | 6 |   | 4 |   | 2 | 3 |
|   | 7 |   | 3 | 1 | 2 | 9 |   | 8 |
| 1 | 5 | 4 |   |   |   |   |   | 7 |
|   | 6 |   | 5 |   | 7 |   |   |   |
|   |   | 2 | 1 |   | 6 |   | 3 | 5 |

## PUZZLE 7

| 8 | 1 | 2 |   | 9 |   |   | 3 | 7 |
|---|---|---|---|---|---|---|---|---|
|   | 6 | 4 |   | 3 | 7 | 1 | 2 | 8 |
| 7 |   |   | 8 | 2 | 4 | 9 | 6 |   |
| 6 | 9 | 1 | 2 | 5 |   |   | 7 | 4 |
|   | 4 |   |   | 7 |   | 6 | 1 | 5 |
| 5 |   | 3 |   | 6 |   | 9 | 8 |   |
| 3 | 8 | 6 | 7 |   | 9 |   |   | 5 |
|   | 5 |   |   | 3 |   | 8 | 4 |   |
| 4 |   |   | 8 | 1 | 5 | 7 | 6 |   |

## PUZZLE 8

| 1 | 3 |   | 4 | 8 |   | 5 | 2 |   |
|---|---|---|---|---|---|---|---|---|
| 2 | 8 |   | 9 |   | 6 | 7 | 3 |   |
| 9 | 4 | 7 | 2 |   | 5 | 6 | 8 |   |
|   | 7 | 4 |   | 6 | 2 |   | 9 | 3 |
| 3 |   |   |   | 4 |   |   |   | 8 |
| 6 | 2 | 8 |   |   | 3 |   | 5 |   |
| 4 | 9 | 3 | 6 | 5 |   |   | 7 |   |
| 7 |   |   | 3 | 4 | 8 |   |   |   |
|   |   |   | 2 |   |   | 3 | 4 | 6 |

# HAPPY
## Father's Day
# MEDIUM SUDOKU

## PUZZLE 9

| 5 | 2 | 7 | 1 | 3 | 4 | 8 |   | 9 |
|---|---|---|---|---|---|---|---|---|
| 4 | 9 |   |   |   |   | 3 | 2 |   |
| 8 | 3 | 6 | 7 | 9 | 2 | 4 | 1 |   |
|   | 8 |   | 9 |   |   |   |   | 2 |
|   | 5 | 9 |   | 2 | 7 |   | 8 | 3 |
| 3 | 1 |   | 8 |   |   |   |   | 4 |
|   | 6 | 8 | 3 | 4 | 5 |   | 7 |   |
|   | 4 | 5 |   |   | 9 | 2 |   |   |
|   |   | 3 | 2 | 8 | 1 | 5 | 4 | 6 |

## PUZZLE 10

| 1 |   |   |   | 4 |   | 5 | 6 | 9 |
|---|---|---|---|---|---|---|---|---|
|   | 9 |   | 1 | 7 | 6 | 2 | 8 |   |
|   | 8 | 4 | 2 | 5 | 9 |   | 1 | 7 |
|   | 1 |   | 4 | 6 |   |   | 2 | 8 |
| 8 | 2 |   |   |   | 1 | 4 | 7 |   |
| 9 | 4 | 6 |   | 2 | 7 |   | 3 | 5 |
| 2 |   |   | 7 | 8 | 4 | 6 | 5 | 3 |
| 4 |   | 8 |   |   | 5 |   |   | 2 |
| 7 |   |   | 9 |   | 2 |   |   | 1 |

## PUZZLE 11

| 4 | 9 | 5 |   | 2 | 1 |   | 3 |   |
|---|---|---|---|---|---|---|---|---|
| 1 | 6 | 7 | 5 |   | 8 |   |   |   |
| 3 | 8 |   | 9 |   | 6 | 7 | 1 | 5 |
| 2 |   |   |   | 5 |   |   |   |   |
| 5 | 4 | 9 | 8 |   | 7 |   | 2 | 1 |
| 6 | 3 |   |   | 2 | 4 | 5 |   | 7 |
| 9 |   | 3 |   | 1 | 5 | 8 | 7 | 4 |
| 7 | 1 |   | 3 | 8 |   | 5 | 9 | 2 |
| 8 | 5 |   | 7 |   |   | 1 |   | 3 |

## PUZZLE 12

| 6 | 8 | 1 |   | 7 | 2 | 9 | 4 | 3 |
|---|---|---|---|---|---|---|---|---|
| 5 | 7 |   | 4 | 1 | 9 | 8 | 2 | 6 |
| 4 |   |   | 6 |   | 3 |   |   | 5 |
|   | 6 |   | 8 | 5 | 4 |   |   | 1 |
| 2 | 5 | 8 | 3 | 6 |   |   | 7 | 9 |
| 3 | 1 |   |   |   | 7 | 5 | 6 | 8 |
|   | 9 | 5 |   |   |   |   | 8 | 7 |
| 8 |   |   | 7 |   |   | 1 | 9 |   |
| 7 | 3 |   | 1 | 9 | 8 |   |   | 4 |

# HAPPY

## Father's Day

# MEDIUM SUDOKU

## PUZZLE 13

| 1 | 5 | 3 |   |   | 6 |   | 7 |   |
|---|---|---|---|---|---|---|---|---|
| 9 | 2 |   | 5 | 1 |   | 6 |   | 3 |
| 4 |   | 8 |   |   | 7 | 1 | 9 |   |
| 6 | 7 | 4 |   | 5 | 2 | 3 |   |   |
|   | 8 |   | 1 | 7 |   |   | 6 | 4 |
| 2 |   | 1 | 6 | 4 | 3 |   | 5 | 8 |
|   |   |   | 9 |   | 4 | 5 |   | 1 |
| 8 | 1 | 9 | 7 |   | 5 |   |   |   |
| 5 |   | 6 | 3 |   | 1 |   | 2 | 7 |

## PUZZLE 14

|   |   | 1 |   |   | 4 | 6 | 8 | 2 |
|---|---|---|---|---|---|---|---|---|
|   | 4 | 5 | 8 |   |   | 1 | 3 |   |
|   |   | 2 |   | 3 |   | 9 | 4 | 5 |
| 2 |   | 9 | 6 | 7 | 8 |   |   |   |
|   | 8 | 3 |   | 9 | 5 |   | 6 | 1 |
| 4 | 5 | 6 |   |   |   | 7 |   |   |
|   |   |   | 3 |   | 7 | 5 | 9 | 8 |
|   | 3 | 7 | 2 | 8 | 9 | 4 | 1 | 6 |
| 1 | 9 |   | 5 | 4 | 6 |   | 2 |   |

## PUZZLE 15

|   | 4 |   | 2 |   |   | 7 | 3 | 5 |
|---|---|---|---|---|---|---|---|---|
|   |   | 7 |   |   | 3 |   | 9 |   |
| 5 |   |   | 4 | 9 | 7 | 6 |   |   |
| 4 | 5 | 2 |   |   | 6 |   | 8 |   |
| 7 |   | 8 | 5 |   | 9 |   | 1 | 2 |
| 3 |   |   | 8 |   | 2 | 5 |   | 6 |
|   | 7 |   | 1 | 3 |   | 8 | 6 | 9 |
| 6 | 3 | 9 |   | 2 |   |   | 5 | 4 |
| 8 | 1 |   | 9 |   | 5 | 2 |   | 3 |

## PUZZLE 16

| 2 |   | 4 | 5 |   | 7 |   |   | 3 |
|---|---|---|---|---|---|---|---|---|
| 7 | 9 | 3 | 4 |   |   |   |   | 5 |
|   | 5 | 1 | 9 | 3 | 2 | 6 | 4 | 7 |
|   | 3 |   |   |   | 5 | 7 |   |   |
| 6 | 4 |   |   | 7 | 1 | 5 | 9 | 2 |
| 1 |   | 5 |   | 9 |   |   |   | 4 |
| 3 |   | 7 | 6 |   |   | 4 | 5 | 1 |
| 5 |   |   | 7 |   |   |   | 6 |   |
| 4 | 8 |   |   | 5 |   | 2 | 7 | 9 |

# HAPPY *Father's Day*
## MEDIUM SUDOKU

### PUZZLE 17

| 2 |   | 4 | 5 |   | 7 |   |   | 3 |
|---|---|---|---|---|---|---|---|---|
| 7 | 9 | 3 | 4 |   |   |   |   | 5 |
|   | 5 | 1 | 9 | 3 | 2 | 6 | 4 | 7 |
|   | 3 |   |   |   | 5 | 7 |   |   |
| 6 | 4 |   | 7 | 1 | 5 | 9 | 2 |   |
| 1 |   | 5 |   | 9 |   |   |   | 4 |
| 3 |   | 7 | 6 |   |   | 4 | 5 | 1 |
| 5 |   |   | 7 |   |   |   | 6 |   |
| 4 | 8 |   |   | 5 |   | 2 | 7 | 9 |

### PUZZLE 18

|   | 3 |   |   | 9 |   | 4 |   |   |
|---|---|---|---|---|---|---|---|---|
| 5 |   | 7 | 8 |   |   |   | 6 | 1 |
| 4 | 6 |   |   | 2 |   |   |   |   |
| 3 |   | 4 | 9 | 1 | 8 | 2 | 7 | 6 |
| 2 | 9 |   | 4 | 5 | 7 | 1 | 3 | 8 |
| 8 | 7 |   |   |   |   | 5 |   | 4 |
|   | 1 |   | 6 | 7 |   | 3 | 8 | 5 |
| 6 |   |   | 1 | 3 | 9 | 7 |   |   |
| 7 | 4 | 3 |   |   |   |   | 1 |   |

### PUZZLE 19

|   |   | 6 | 5 | 8 | 3 |   |   |   |
|---|---|---|---|---|---|---|---|---|
|   |   | 5 | 9 |   |   | 1 | 3 | 6 |
| 1 |   |   |   | 4 | 2 |   | 5 |   |
| 3 | 5 | 4 | 2 |   |   | 6 | 8 | 1 |
| 9 | 2 | 7 |   | 6 |   | 5 | 3 | 4 |
| 6 | 1 | 8 | 4 | 3 |   |   | 7 | 2 |
| 4 | 9 |   |   |   | 6 |   |   | 5 |
| 8 | 6 |   |   |   |   |   | 9 | 7 |
|   |   | 1 | 8 |   | 9 | 4 | 6 | 3 |

### PUZZLE 20

|   | 8 |   |   | 2 | 4 | 5 | 3 | 6 |
|---|---|---|---|---|---|---|---|---|
| 4 |   | 2 |   |   |   | 9 | 7 | 8 |
|   | 5 |   | 9 |   |   |   | 4 | 1 |
| 5 | 6 | 4 | 2 |   | 1 |   |   |   |
|   |   | 9 | 5 |   | 8 | 6 |   | 4 |
| 3 | 2 | 8 | 7 |   | 6 | 1 | 5 | 9 |
| 7 | 4 |   |   |   | 3 |   | 9 | 5 |
| 8 |   | 1 |   | 5 |   |   | 4 | 7 |
|   | 3 | 5 |   |   | 9 |   | 6 |   |

# HAPPY Father's Day

# MEDIUM SUDOKU

## PUZZLE 21

| | | | | | | | | |
|---|---|---|---|---|---|---|---|---|
| | | 9 | 8 | | 2 | | 1 | |
| | | | 5 | | 3 | | 6 | 2 |
| 2 | | | 4 | 1 | 7 | | 9 | 8 |
| | 4 | | 2 | | | 7 | | 9 |
| 3 | | 7 | 1 | | 8 | | 5 | |
| 5 | 8 | 2 | 9 | | 6 | 1 | 4 | |
| 1 | 5 | 3 | | | 9 | 6 | 2 | |
| 8 | 2 | | 3 | 5 | | 9 | 7 | |
| 9 | 7 | 4 | 6 | 2 | 1 | 8 | | |

## PUZZLE 22

| | | | | | | | | |
|---|---|---|---|---|---|---|---|---|
| 6 | | 5 | 4 | | 7 | 1 | | 2 |
| 3 | | 1 | 9 | | | 7 | 6 | |
| 8 | 2 | | | | 6 | 9 | | 5 |
| 5 | | 3 | | 9 | 2 | 4 | 1 | 7 |
| | | | | 5 | 3 | | 8 | 6 |
| 2 | 7 | 8 | | 6 | | 5 | | 3 |
| 1 | 3 | | 2 | 7 | | 8 | 5 | |
| | | 2 | | | 1 | | 7 | 9 |
| 7 | 5 | 9 | 6 | 4 | | | | |

## PUZZLE 23

| | | | | | | | | |
|---|---|---|---|---|---|---|---|---|
| 6 | | | 2 | 1 | | | 9 | 7 |
| 8 | | | 7 | | 3 | | | |
| 2 | | | 6 | | | 3 | 1 | |
| 7 | | | 1 | 3 | 6 | | 5 | 9 |
| 3 | 5 | | 8 | | 9 | 1 | | 2 |
| 9 | 4 | 1 | | | 2 | 6 | 8 | 3 |
| 5 | 8 | 2 | 4 | | 7 | | 3 | |
| 4 | | | 9 | | | 2 | 6 | 8 |
| | | | 3 | 2 | 8 | 7 | | 5 |

## PUZZLE 24

| | | | | | | | | |
|---|---|---|---|---|---|---|---|---|
| 1 | 9 | 3 | 5 | 6 | 8 | 2 | 4 | 7 |
| | 6 | 2 | | | 4 | 3 | 5 | 9 |
| | | | 3 | | 9 | 8 | 6 | |
| 6 | | 5 | | | 2 | 7 | 3 | 8 |
| 2 | | | 7 | | 6 | 4 | | 5 |
| 7 | 4 | 9 | | | 5 | | 2 | 6 |
| | | 4 | 6 | 5 | | | 1 | 2 |
| 5 | 7 | 1 | | 9 | 3 | 6 | 8 | |
| | | | | 8 | 1 | 5 | | 3 |

# HAPPY Father's Day

## MEDIUM SUDOKU- ANSWERS

| | | | | | | | | |
|---|---|---|---|---|---|---|---|---|
| 8 | 6 | 2 | 9 | 3 | 4 | 5 | 7 | 1 |
| 1 | 4 | 9 | 2 | 5 | 7 | 6 | 3 | 8 |
| 7 | 5 | 3 | 1 | 8 | 6 | 4 | 2 | 9 |
| 6 | 8 | 5 | 4 | 2 | 1 | 3 | 9 | 7 |
| 4 | 9 | 1 | 5 | 7 | 3 | 2 | 8 | 6 |
| 2 | 3 | 7 | 6 | 9 | 8 | 1 | 4 | 5 |
| 9 | 1 | 6 | 7 | 4 | 2 | 8 | 5 | 3 |
| 3 | 7 | 4 | 8 | 6 | 5 | 9 | 1 | 2 |
| 5 | 2 | 8 | 3 | 1 | 9 | 7 | 6 | 4 |

| | | | | | | | | |
|---|---|---|---|---|---|---|---|---|
| 8 | 9 | 2 | 7 | 3 | 4 | 1 | 6 | 5 |
| 1 | 5 | 3 | 2 | 8 | 6 | 9 | 4 | 7 |
| 6 | 4 | 7 | 5 | 9 | 1 | 3 | 8 | 2 |
| 2 | 8 | 6 | 4 | 7 | 3 | 5 | 1 | 9 |
| 5 | 1 | 9 | 6 | 2 | 8 | 4 | 7 | 3 |
| 3 | 7 | 4 | 1 | 5 | 9 | 8 | 2 | 6 |
| 4 | 2 | 5 | 9 | 1 | 7 | 6 | 3 | 8 |
| 9 | 6 | 8 | 3 | 4 | 2 | 7 | 5 | 1 |
| 7 | 3 | 1 | 8 | 6 | 5 | 2 | 9 | 4 |


| | | | | | | | | |
|---|---|---|---|---|---|---|---|---|
| 8 | 6 | 2 | 9 | 3 | 4 | 5 | 7 | 1 |
| 1 | 4 | 9 | 2 | 5 | 7 | 6 | 3 | 8 |
| 7 | 5 | 3 | 1 | 8 | 6 | 4 | 2 | 9 |
| 6 | 8 | 5 | 4 | 2 | 1 | 3 | 9 | 7 |
| 4 | 9 | 1 | 5 | 7 | 3 | 2 | 8 | 6 |
| 2 | 3 | 7 | 6 | 9 | 8 | 1 | 4 | 5 |
| 9 | 1 | 6 | 7 | 4 | 2 | 8 | 5 | 3 |
| 3 | 7 | 4 | 8 | 6 | 5 | 9 | 1 | 2 |
| 5 | 2 | 8 | 3 | 1 | 9 | 7 | 6 | 4 |

| | | | | | | | | |
|---|---|---|---|---|---|---|---|---|
| 8 | 9 | 2 | 7 | 3 | 4 | 1 | 6 | 5 |
| 1 | 5 | 3 | 2 | 8 | 6 | 9 | 4 | 7 |
| 6 | 4 | 7 | 5 | 9 | 1 | 3 | 8 | 2 |
| 2 | 8 | 6 | 4 | 7 | 3 | 5 | 1 | 9 |
| 5 | 1 | 9 | 6 | 2 | 8 | 4 | 7 | 3 |
| 3 | 7 | 4 | 1 | 5 | 9 | 8 | 2 | 6 |
| 4 | 2 | 5 | 9 | 1 | 7 | 6 | 3 | 8 |
| 9 | 6 | 8 | 3 | 4 | 2 | 7 | 5 | 1 |
| 7 | 3 | 1 | 8 | 6 | 5 | 2 | 9 | 4 |


| | | | | | | | | |
|---|---|---|---|---|---|---|---|---|
| 1 | 9 | 3 | 5 | 6 | 4 | 2 | 8 | 7 |
| 5 | 4 | 8 | 3 | 2 | 7 | 1 | 9 | 6 |
| 6 | 2 | 7 | 9 | 8 | 1 | 5 | 4 | 3 |
| 8 | 7 | 2 | 1 | 3 | 6 | 4 | 5 | 9 |
| 9 | 3 | 1 | 4 | 5 | 2 | 7 | 6 | 8 |
| 4 | 6 | 5 | 7 | 9 | 8 | 3 | 1 | 2 |
| 3 | 5 | 6 | 2 | 4 | 9 | 8 | 7 | 1 |
| 2 | 1 | 9 | 8 | 7 | 5 | 6 | 3 | 4 |
| 7 | 8 | 4 | 6 | 1 | 3 | 9 | 2 | 5 |

| | | | | | | | | |
|---|---|---|---|---|---|---|---|---|
| 6 | 4 | 8 | 7 | 2 | 1 | 3 | 5 | 9 |
| 5 | 2 | 7 | 9 | 6 | 3 | 8 | 1 | 4 |
| 9 | 1 | 3 | 4 | 8 | 5 | 2 | 7 | 6 |
| 2 | 3 | 6 | 8 | 7 | 9 | 5 | 4 | 1 |
| 8 | 9 | 1 | 6 | 5 | 4 | 7 | 2 | 3 |
| 4 | 7 | 5 | 3 | 1 | 2 | 9 | 6 | 8 |
| 1 | 5 | 4 | 2 | 3 | 8 | 6 | 9 | 7 |
| 3 | 6 | 9 | 5 | 4 | 7 | 1 | 8 | 2 |
| 7 | 8 | 2 | 1 | 9 | 6 | 4 | 3 | 5 |

# HAPPY Father's Day

## MEDIUM SUDOKU- ANSWERS

| | | | | | | | | |
|---|---|---|---|---|---|---|---|---|
| 8 | 1 | 2 | 6 | 9 | 4 | 5 | 3 | 7 |
| 9 | 6 | 4 | 5 | 3 | 7 | 1 | 2 | 8 |
| 7 | 3 | 5 | 1 | 8 | 2 | 4 | 9 | 6 |
| 6 | 9 | 1 | 2 | 5 | 8 | 3 | 7 | 4 |
| 2 | 4 | 8 | 9 | 7 | 3 | 6 | 1 | 5 |
| 5 | 7 | 3 | 4 | 6 | 1 | 9 | 8 | 2 |
| 3 | 8 | 6 | 7 | 4 | 9 | 2 | 5 | 1 |
| 1 | 5 | 7 | 3 | 2 | 6 | 8 | 4 | 9 |
| 4 | 2 | 9 | 8 | 1 | 5 | 7 | 6 | 3 |

| | | | | | | | | |
|---|---|---|---|---|---|---|---|---|
| 1 | 3 | 6 | 4 | 8 | 7 | 5 | 2 | 9 |
| 2 | 8 | 5 | 9 | 1 | 6 | 7 | 3 | 4 |
| 9 | 4 | 7 | 2 | 3 | 5 | 6 | 8 | 1 |
| 5 | 7 | 4 | 8 | 6 | 2 | 1 | 9 | 3 |
| 3 | 1 | 9 | 5 | 7 | 4 | 2 | 6 | 8 |
| 6 | 2 | 8 | 1 | 9 | 3 | 4 | 5 | 7 |
| 4 | 9 | 3 | 6 | 5 | 1 | 8 | 7 | 2 |
| 7 | 6 | 2 | 3 | 4 | 8 | 9 | 1 | 5 |
| 8 | 5 | 1 | 7 | 2 | 9 | 3 | 4 | 6 |

| | | | | | | | | |
|---|---|---|---|---|---|---|---|---|
| 5 | 2 | 7 | 1 | 3 | 4 | 8 | 6 | 9 |
| 4 | 9 | 1 | 5 | 6 | 8 | 3 | 2 | 7 |
| 8 | 3 | 6 | 7 | 9 | 2 | 4 | 1 | 5 |
| 7 | 8 | 4 | 9 | 1 | 3 | 6 | 5 | 2 |
| 6 | 5 | 9 | 4 | 2 | 7 | 1 | 8 | 3 |
| 3 | 1 | 2 | 8 | 5 | 6 | 7 | 9 | 4 |
| 2 | 6 | 8 | 3 | 4 | 5 | 9 | 7 | 1 |
| 1 | 4 | 5 | 6 | 7 | 9 | 2 | 3 | 8 |
| 9 | 7 | 3 | 2 | 8 | 1 | 5 | 4 | 6 |

| | | | | | | | | |
|---|---|---|---|---|---|---|---|---|
| 1 | 7 | 2 | 3 | 4 | 8 | 5 | 6 | 9 |
| 3 | 5 | 9 | 1 | 7 | 6 | 2 | 8 | 4 |
| 6 | 8 | 4 | 2 | 5 | 9 | 3 | 1 | 7 |
| 5 | 1 | 7 | 4 | 6 | 3 | 9 | 2 | 8 |
| 8 | 2 | 3 | 5 | 9 | 1 | 4 | 7 | 6 |
| 9 | 4 | 6 | 8 | 2 | 7 | 1 | 3 | 5 |
| 2 | 9 | 1 | 7 | 8 | 4 | 6 | 5 | 3 |
| 4 | 3 | 8 | 6 | 1 | 5 | 7 | 9 | 2 |
| 7 | 6 | 5 | 9 | 3 | 2 | 8 | 4 | 1 |

| | | | | | | | | |
|---|---|---|---|---|---|---|---|---|
| 4 | 9 | 5 | 7 | 2 | 1 | 6 | 3 | 8 |
| 1 | 6 | 7 | 5 | 3 | 8 | 2 | 4 | 9 |
| 3 | 8 | 2 | 9 | 4 | 6 | 7 | 1 | 5 |
| 2 | 7 | 1 | 4 | 5 | 3 | 9 | 8 | 6 |
| 5 | 4 | 9 | 8 | 6 | 7 | 3 | 2 | 1 |
| 6 | 3 | 8 | 1 | 9 | 2 | 4 | 5 | 7 |
| 9 | 2 | 3 | 6 | 1 | 5 | 8 | 7 | 4 |
| 7 | 1 | 6 | 3 | 8 | 4 | 5 | 9 | 2 |
| 8 | 5 | 4 | 2 | 7 | 9 | 1 | 6 | 3 |

| | | | | | | | | |
|---|---|---|---|---|---|---|---|---|
| 6 | 8 | 1 | 5 | 7 | 2 | 9 | 4 | 3 |
| 5 | 7 | 3 | 4 | 1 | 9 | 8 | 2 | 6 |
| 4 | 2 | 9 | 6 | 8 | 3 | 7 | 1 | 5 |
| 9 | 6 | 7 | 8 | 5 | 4 | 2 | 3 | 1 |
| 2 | 5 | 8 | 3 | 6 | 1 | 4 | 7 | 9 |
| 3 | 1 | 4 | 9 | 2 | 7 | 5 | 6 | 8 |
| 1 | 9 | 5 | 2 | 4 | 6 | 3 | 8 | 7 |
| 8 | 4 | 6 | 7 | 3 | 5 | 1 | 9 | 2 |
| 7 | 3 | 2 | 1 | 9 | 8 | 6 | 5 | 4 |

# HAPPY Father's Day

## MEDIUM SUDOKU- ANSWERS

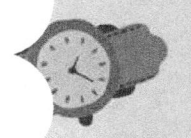

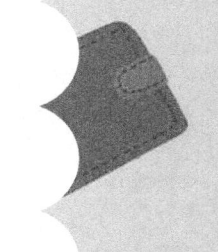

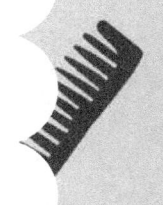

| | | | | | | | | |
|---|---|---|---|---|---|---|---|---|
| 1 | 5 | 3 | 4 | 9 | 6 | 8 | 7 | 2 |
| 9 | 2 | 7 | 5 | 1 | 8 | 6 | 4 | 3 |
| 4 | 6 | 8 | 2 | 3 | 7 | 1 | 9 | 5 |
| 6 | 7 | 4 | 8 | 5 | 2 | 3 | 1 | 9 |
| 3 | 8 | 5 | 1 | 7 | 9 | 2 | 6 | 4 |
| 2 | 9 | 1 | 6 | 4 | 3 | 7 | 5 | 8 |
| 7 | 3 | 2 | 9 | 6 | 4 | 5 | 8 | 1 |
| 8 | 1 | 9 | 7 | 2 | 5 | 4 | 3 | 6 |
| 5 | 4 | 6 | 3 | 8 | 1 | 9 | 2 | 7 |

| | | | | | | | | |
|---|---|---|---|---|---|---|---|---|
| 3 | 7 | 1 | 9 | 5 | 4 | 6 | 8 | 2 |
| 9 | 4 | 5 | 8 | 6 | 2 | 1 | 3 | 7 |
| 8 | 6 | 2 | 7 | 3 | 1 | 9 | 4 | 5 |
| 2 | 1 | 9 | 6 | 7 | 8 | 3 | 5 | 4 |
| 7 | 8 | 3 | 4 | 9 | 5 | 2 | 6 | 1 |
| 4 | 5 | 6 | 1 | 2 | 3 | 8 | 7 | 9 |
| 6 | 2 | 4 | 3 | 1 | 7 | 5 | 9 | 8 |
| 5 | 3 | 7 | 2 | 8 | 9 | 4 | 1 | 6 |
| 1 | 9 | 8 | 5 | 4 | 6 | 7 | 2 | 3 |

| | | | | | | | | |
|---|---|---|---|---|---|---|---|---|
| 9 | 4 | 6 | 2 | 8 | 1 | 7 | 3 | 5 |
| 1 | 2 | 7 | 6 | 5 | 3 | 4 | 9 | 8 |
| 5 | 8 | 3 | 4 | 9 | 7 | 6 | 2 | 1 |
| 4 | 5 | 2 | 3 | 1 | 6 | 9 | 8 | 7 |
| 7 | 6 | 8 | 5 | 4 | 9 | 3 | 1 | 2 |
| 3 | 9 | 1 | 8 | 7 | 2 | 5 | 4 | 6 |
| 2 | 7 | 5 | 1 | 3 | 4 | 8 | 6 | 9 |
| 6 | 3 | 9 | 7 | 2 | 8 | 1 | 5 | 4 |
| 8 | 1 | 4 | 9 | 6 | 5 | 2 | 7 | 3 |

| | | | | | | | | |
|---|---|---|---|---|---|---|---|---|
| 2 | 6 | 4 | 5 | 1 | 7 | 9 | 8 | 3 |
| 7 | 9 | 3 | 4 | 6 | 8 | 1 | 2 | 5 |
| 8 | 5 | 1 | 9 | 3 | 2 | 6 | 4 | 7 |
| 9 | 3 | 2 | 8 | 4 | 5 | 7 | 1 | 6 |
| 6 | 4 | 8 | 3 | 7 | 1 | 5 | 9 | 2 |
| 1 | 7 | 5 | 2 | 9 | 6 | 8 | 3 | 4 |
| 3 | 2 | 7 | 6 | 8 | 9 | 4 | 5 | 1 |
| 5 | 1 | 9 | 7 | 2 | 4 | 3 | 6 | 8 |
| 4 | 8 | 6 | 1 | 5 | 3 | 2 | 7 | 9 |


| | | | | | | | | |
|---|---|---|---|---|---|---|---|---|
| 2 | 6 | 4 | 5 | 1 | 7 | 9 | 8 | 3 |
| 7 | 9 | 3 | 4 | 6 | 8 | 1 | 2 | 5 |
| 8 | 5 | 1 | 9 | 3 | 2 | 6 | 4 | 7 |
| 9 | 3 | 2 | 8 | 4 | 5 | 7 | 1 | 6 |
| 6 | 4 | 8 | 3 | 7 | 1 | 5 | 9 | 2 |
| 1 | 7 | 5 | 2 | 9 | 6 | 8 | 3 | 4 |
| 3 | 2 | 7 | 6 | 8 | 9 | 4 | 5 | 1 |
| 5 | 1 | 9 | 7 | 2 | 4 | 3 | 6 | 8 |
| 4 | 8 | 6 | 1 | 5 | 3 | 2 | 7 | 9 |


| | | | | | | | | |
|---|---|---|---|---|---|---|---|---|
| 1 | 3 | 8 | 5 | 9 | 6 | 4 | 2 | 7 |
| 5 | 2 | 7 | 8 | 4 | 3 | 9 | 6 | 1 |
| 4 | 6 | 9 | 7 | 2 | 1 | 8 | 5 | 3 |
| 3 | 5 | 4 | 9 | 1 | 8 | 2 | 7 | 6 |
| 2 | 9 | 6 | 4 | 5 | 7 | 1 | 3 | 8 |
| 8 | 7 | 1 | 3 | 6 | 2 | 5 | 9 | 4 |
| 9 | 1 | 2 | 6 | 7 | 4 | 3 | 8 | 5 |
| 6 | 8 | 5 | 1 | 3 | 9 | 7 | 4 | 2 |
| 7 | 4 | 3 | 2 | 8 | 5 | 6 | 1 | 9 |

# HAPPY Father's Day

## MEDIUM SUDOKU- ANSWERS

| 7 | 4 | 6 | 5 | 8 | 3 | 2 | 1 | 9 |
|---|---|---|---|---|---|---|---|---|
| 2 | 8 | 5 | 9 | 7 | 1 | 3 | 4 | 6 |
| 1 | 3 | 9 | 6 | 4 | 2 | 7 | 5 | 8 |
| 3 | 5 | 4 | 2 | 9 | 7 | 6 | 8 | 1 |
| 9 | 2 | 7 | 1 | 6 | 8 | 5 | 3 | 4 |
| 6 | 1 | 8 | 4 | 3 | 5 | 9 | 7 | 2 |
| 4 | 9 | 3 | 7 | 1 | 6 | 8 | 2 | 5 |
| 8 | 6 | 2 | 3 | 5 | 4 | 1 | 9 | 7 |
| 5 | 7 | 1 | 8 | 2 | 9 | 4 | 6 | 3 |

| 9 | 8 | 7 | 1 | 2 | 4 | 5 | 3 | 6 |
|---|---|---|---|---|---|---|---|---|
| 4 | 1 | 2 | 3 | 6 | 5 | 9 | 7 | 8 |
| 6 | 5 | 3 | 9 | 8 | 7 | 4 | 1 | 2 |
| 5 | 6 | 4 | 2 | 9 | 1 | 7 | 8 | 3 |
| 1 | 7 | 9 | 5 | 3 | 8 | 6 | 2 | 4 |
| 3 | 2 | 8 | 7 | 4 | 6 | 1 | 5 | 9 |
| 7 | 4 | 6 | 8 | 1 | 3 | 2 | 9 | 5 |
| 8 | 9 | 1 | 6 | 5 | 2 | 3 | 4 | 7 |
| 2 | 3 | 5 | 4 | 7 | 9 | 8 | 6 | 1 |

| 4 | 3 | 9 | 8 | 6 | 2 | 5 | 1 | 7 |
|---|---|---|---|---|---|---|---|---|
| 7 | 1 | 8 | 5 | 9 | 3 | 4 | 6 | 2 |
| 2 | 6 | 5 | 4 | 1 | 7 | 3 | 9 | 8 |
| 6 | 4 | 1 | 2 | 3 | 5 | 7 | 8 | 9 |
| 3 | 9 | 7 | 1 | 4 | 8 | 2 | 5 | 6 |
| 5 | 8 | 2 | 9 | 7 | 6 | 1 | 4 | 3 |
| 1 | 5 | 3 | 7 | 8 | 9 | 6 | 2 | 4 |
| 8 | 2 | 6 | 3 | 5 | 4 | 9 | 7 | 1 |
| 9 | 7 | 4 | 6 | 2 | 1 | 8 | 3 | 5 |

| 6 | 9 | 5 | 4 | 8 | 7 | 1 | 3 | 2 |
|---|---|---|---|---|---|---|---|---|
| 3 | 4 | 1 | 9 | 2 | 5 | 7 | 6 | 8 |
| 8 | 2 | 7 | 3 | 1 | 6 | 9 | 4 | 5 |
| 5 | 6 | 3 | 8 | 9 | 2 | 4 | 1 | 7 |
| 9 | 1 | 4 | 7 | 5 | 3 | 2 | 8 | 6 |
| 2 | 7 | 8 | 1 | 6 | 4 | 5 | 9 | 3 |
| 1 | 3 | 6 | 2 | 7 | 9 | 8 | 5 | 4 |
| 4 | 8 | 2 | 5 | 3 | 1 | 6 | 7 | 9 |
| 7 | 5 | 9 | 6 | 4 | 8 | 3 | 2 | 1 |

| 6 | 3 | 5 | 2 | 1 | 4 | 8 | 9 | 7 |
|---|---|---|---|---|---|---|---|---|
| 8 | 1 | 4 | 7 | 9 | 3 | 5 | 2 | 6 |
| 2 | 9 | 7 | 6 | 8 | 5 | 3 | 1 | 4 |
| 7 | 2 | 8 | 1 | 3 | 6 | 4 | 5 | 9 |
| 3 | 5 | 6 | 8 | 4 | 9 | 1 | 7 | 2 |
| 9 | 4 | 1 | 5 | 7 | 2 | 6 | 8 | 3 |
| 5 | 8 | 2 | 4 | 6 | 7 | 9 | 3 | 1 |
| 4 | 7 | 3 | 9 | 5 | 1 | 2 | 6 | 8 |
| 1 | 6 | 9 | 3 | 2 | 8 | 7 | 4 | 5 |

| 1 | 9 | 3 | 5 | 6 | 8 | 2 | 4 | 7 |
|---|---|---|---|---|---|---|---|---|
| 8 | 6 | 2 | 1 | 7 | 4 | 3 | 5 | 9 |
| 4 | 5 | 7 | 3 | 2 | 9 | 8 | 6 | 1 |
| 6 | 1 | 5 | 9 | 4 | 2 | 7 | 3 | 8 |
| 2 | 3 | 8 | 7 | 1 | 6 | 4 | 9 | 5 |
| 7 | 4 | 9 | 8 | 3 | 5 | 1 | 2 | 6 |
| 3 | 8 | 4 | 6 | 5 | 7 | 9 | 1 | 2 |
| 5 | 7 | 1 | 2 | 9 | 3 | 6 | 8 | 4 |
| 9 | 2 | 6 | 4 | 8 | 1 | 5 | 7 | 3 |

# HAPPY
## *Father's Day*
# HARD SUDOKU

# HAPPY Father's Day
# HARD SUDOKU

## PUZZLE 1

| | | 7 | | 4 | | 9 | | 2 |
|---|---|---|---|---|---|---|---|---|
| | 4 | | | | 1 | 3 | 8 | |
| | | 3 | 7 | 6 | 9 | | 5 | |
| 8 | 7 | | | 6 | | | 1 | 4 |
| | 1 | 2 | | | 7 | 6 | | |
| | 6 | | 9 | 1 | 2 | 5 | 7 | |
| | | | | | | 8 | 7 | 4 |
| 7 | | | 8 | 5 | 9 | | | |
| 4 | 2 | 5 | 1 | | | 8 | 3 | |

## PUZZLE 2

| | 7 | 3 | | | 2 | | 9 | 8 |
|---|---|---|---|---|---|---|---|---|
| 8 | | 9 | 4 | | | 5 | 2 | |
| | | | | | 6 | | 7 | 3 |
| | 3 | 8 | 6 | 1 | | | 4 | 9 |
| 5 | | 6 | 7 | | 9 | 8 | | 1 |
| | | 8 | | 4 | 6 | | | |
| | | | 9 | | | 7 | 1 | 5 |
| | 1 | 2 | | 7 | | | 8 | |
| | 8 | 7 | 5 | | | 9 | | |

## PUZZLE 3

| 9 | | 6 | | | 8 | | 5 | |
|---|---|---|---|---|---|---|---|---|
| | 7 | 5 | 4 | | | | 1 | |
| 3 | 2 | 4 | 6 | | 5 | | 9 | |
| | | | | | | 5 | 2 | |
| | 3 | 9 | | | | 6 | | |
| | 2 | | 5 | | 8 | | 9 | |
| 6 | 5 | | | 8 | 9 | 3 | 4 | 2 |
| 2 | | | 5 | 3 | | | 7 | |
| 4 | | | 2 | 6 | 7 | | 8 | |

## PUZZLE 4

| | | 3 | | 5 | 1 | 9 | |   |
|---|---|---|---|---|---|---|---|---|
| 7 | 9 | 2 | 6 | 3 | | 4 | | 5 |
| 1 | 5 | 8 | 4 | | | 3 | 6 | |
| 9 | | | 5 | | 4 | | 3 | |
| | | 4 | 8 | 6 | | 7 | | 1 |
| | 1 | | | | 2 | | 4 | |
| | | | 1 | | | | | |
| 5 | | 1 | | | | 8 | 7 | 3 |
| 4 | | | 7 | 2 | | 5 | | 9 |

# HAPPY Father's Day
## HARD SUDOKU

### PUZZLE 5

|   |   |   |   | 9 | 5 |   | 2 | 1 |
|---|---|---|---|---|---|---|---|---|
| 1 | 6 |   |   |   |   |   |   | 3 |
| 2 | 9 |   | 8 | 3 | 1 | 5 |   |   |
|   |   |   |   |   | 2 | 3 |   |   |
| 3 | 8 |   | 9 |   |   |   | 6 | 4 |
| 4 |   | 6 | 3 |   | 8 | 9 |   |   |
| 7 |   |   | 2 |   | 3 |   | 1 | 5 |
|   |   | 8 |   |   | 6 |   |   | 3 |
|   |   | 3 | 5 | 7 | 9 |   | 4 | 8 |

### PUZZLE 6

| 1 |   |   |   | 4 |   |   |   | 7 |
|---|---|---|---|---|---|---|---|---|
| 2 | 4 |   | 9 |   |   |   | 6 | 3 |
|   |   | 8 | 7 | 1 |   |   |   | 4 |
|   | 1 | 3 | 6 |   | 7 | 2 |   | 8 |
|   | 7 | 5 |   | 9 | 8 | 6 |   |   |
|   |   |   | 4 |   |   |   | 9 |   |
|   | 8 |   | 5 |   | 9 | 3 |   | 6 |
|   |   | 1 |   | 2 | 6 |   | 7 | 9 |
| 6 | 9 | 4 | 1 | 7 |   |   | 8 | 2 |

### PUZZLE 7

|   |   |   |   |   |   | 3 |   | 6 |
|---|---|---|---|---|---|---|---|---|
|   | 3 |   |   | 6 | 9 | 4 |   |   |
|   |   | 9 |   | 1 | 4 | 5 |   |   |
|   | 8 | 6 |   | 4 |   | 2 |   |   |
|   |   | 2 | 6 |   | 3 |   | 7 | 4 |
| 9 |   | 4 |   |   | 5 | 1 | 6 |   |
| 5 | 9 | 1 | 8 |   |   |   |   |   |
| 8 |   |   |   |   |   | 6 | 1 | 2 |
|   |   | 6 | 7 | 4 |   | 5 |   |   |

### PUZZLE 8

| 2 | 7 | 9 | 1 |   | 6 |   |   |   |
|---|---|---|---|---|---|---|---|---|
|   |   | 6 |   | 3 |   |   | 7 |   |
|   |   |   |   |   |   |   | 5 | 6 |
| 3 | 6 |   | 7 | 9 | 1 |   |   |   |
|   |   |   | 5 | 4 |   | 6 |   |   |
| 5 |   |   |   |   | 3 | 1 | 9 |   |
|   | 3 |   | 8 | 1 | 4 |   | 6 | 5 |
| 6 | 4 | 5 |   | 2 |   |   |   | 3 |
| 8 |   |   |   |   | 5 | 4 |   | 9 |

# HAPPY
# Father's Day
# HARD SUDOKU

## PUZZLE 9

|   | 7 |   | 5 |   | 6 |   |   | 4 |
|---|---|---|---|---|---|---|---|---|
| 9 | 6 |   |   | 3 | 4 |   |   | 8 |
|   |   |   |   | 2 |   | 5 |   | 7 |
| 3 |   | 6 |   | 5 | 2 | 7 |   |   |
|   |   | 1 |   | 7 | 3 | 4 | 5 |   |
| 7 | 5 | 8 | 4 | 6 |   |   | 9 | 2 |
| 6 | 1 |   | 3 | 4 |   |   |   | 9 |
|   |   |   |   |   |   | 7 | 6 |   |
|   |   | 4 |   |   | 8 |   |   | 3 |

## PUZZLE 10

|   | 1 |   |   |   |   | 7 | 8 |   |
|---|---|---|---|---|---|---|---|---|
| 6 | 9 | 8 | 2 | 3 | 7 | 5 |   |   |
|   |   | 5 |   | 1 |   |   |   |   |
|   |   | 6 |   |   |   |   | 2 |   |
|   | 3 | 4 | 7 |   | 6 | 9 |   | 8 |
|   | 8 |   | 1 | 5 |   | 4 | 7 | 6 |
| 3 |   |   |   | 6 |   |   |   |   |
| 8 |   |   | 9 | 3 |   | 4 | 1 |   | 
|   |   |   |   |   |   |   |   | 5 |
| 4 | 6 | 7 |   |   |   |   |   |   |

## PUZZLE 11

|   |   |   |   |   | 8 |   | 5 | 3 |
|---|---|---|---|---|---|---|---|---|
|   |   | 5 | 2 |   |   | 4 |   | 9 |
| 4 | 6 |   |   | 3 | 9 |   |   | 2 |
| 6 |   | 3 |   | 7 |   | 1 |   |   |
| 1 |   | 2 | 5 | 3 | 6 | 9 | 8 | 4 |
|   |   | 4 |   | 2 | 1 | 3 |   |   |
| 5 | 4 |   | 1 |   |   | 2 |   |   |
| 3 |   |   |   | 6 | 2 | 5 |   |   |
|   |   | 1 |   | 5 | 9 |   |   |   |

## PUZZLE 12

| 9 | 4 |   | 8 | 3 |   |   |   |   |
|---|---|---|---|---|---|---|---|---|
|   | 6 | 1 | 7 |   |   | 8 |   |   |
|   | 8 | 3 | 5 |   |   | 9 | 1 |   |
| 3 | 7 |   |   | 8 | 2 |   |   | 6 |
| 4 | 2 |   | 3 | 7 |   |   | 9 | 8 |
|   | 5 |   | 4 |   |   |   | 2 | 7 |
|   |   |   |   | 3 |   |   |   |   |
| 5 |   |   | 4 | 6 | 1 |   |   |   |
| 8 | 1 |   |   |   |   | 3 |   |   |

# HAPPY *Father's Day*
## HARD SUDOKU

## PUZZLE 13

| | | | | | | | | |
|---|---|---|---|---|---|---|---|---|
| 1 | 5 |   | 2 |   |   |   | 4 |   |
| 2 |   |   | 3 | 5 | 8 |   | 7 | 6 |
| 7 | 8 | 9 | 1 |   |   |   |   | 2 |
|   | 5 |   |   | 8 | 7 | 2 |   | 1 |
|   |   | 1 |   |   |   |   | 5 |   |
| 2 |   |   | 1 |   | 5 | 3 |   | 4 |
| 7 | 8 |   | 2 |   |   | 4 |   |   |
|   | 3 |   | 5 | 4 |   |   |   | 8 |
|   |   |   | 8 |   |   | 1 | 9 | 2 |

## PUZZLE 14

| | | | | | | | | |
|---|---|---|---|---|---|---|---|---|
| 2 |   |   | 1 |   | 5 | 4 |   |   |
|   | 7 | 6 | 4 |   |   |   | 2 | 5 |
|   | 1 |   | 6 | 7 | 2 | 9 | 3 |   |
|   |   | 1 |   | 5 | 7 | 6 | 9 |   |
| 6 |   |   | 8 |   | 1 | 2 | 7 | 4 |
| 9 | 2 |   |   | 6 |   |   |   | 1 |
| 7 |   |   |   | 1 | 6 |   |   |   |
| 8 | 4 | 5 |   |   |   |   |   |   |
|   |   | 2 | 7 | 4 |   |   | 5 |   |

## PUZZLE 15

| | | | | | | | | |
|---|---|---|---|---|---|---|---|---|
|   |   | 1 | 4 | 3 | 2 | 7 | 6 | 8 |
|   |   |   |   | 9 |   |   | 5 |   |
|   | 8 |   | 5 |   | 6 |   | 3 | 9 |
|   | 2 |   | 3 |   | 4 | 5 | 1 | 7 |
| 5 | 1 |   |   |   |   | 9 | 3 |   |
| 7 |   | 4 |   | 5 | 1 | 6 | 8 | 2 |
| 6 | 4 | 5 | 7 |   |   |   |   |   |
|   |   |   |   |   |   |   | 7 |   |
|   | 7 |   |   | 1 |   | 5 |   | 6 |

## PUZZLE 16

| | | | | | | | | |
|---|---|---|---|---|---|---|---|---|
|   |   |   |   |   |   | 7 |   |   |
| 8 |   | 3 | 7 | 2 | 4 | 1 |   |   |
| 1 |   | 5 |   | 3 | 8 |   | 4 | 9 |
|   |   |   | 9 |   |   | 6 | 8 |   |
| 5 |   | 7 | 8 |   |   |   | 9 |   |
| 4 | 8 |   | 1 | 6 |   | 5 | 2 |   |
|   |   |   | 3 |   |   | 6 | 4 |   |
| 7 |   |   | 2 |   | 5 | 8 | 1 | 3 |
|   |   |   |   |   |   |   | 6 | 5 |

# HAPPY Father's Day
## HARD SUDOKU

### PUZZLE 17

|   |   |   |   |   | 6 | 9 | 4 |   |
|---|---|---|---|---|---|---|---|---|
|   | 5 |   |   |   | 7 |   | 6 |   |
| 6 |   |   |   | 5 |   |   |   | 1 |
|   |   | 5 |   | 2 | 8 |   |   | 9 |
| 1 | 7 | 8 | 5 |   |   |   |   |   |
| 9 |   | 3 |   | 1 |   | 5 |   |   |
|   | 9 |   | 6 | 8 | 4 | 3 |   | 2 |
| 5 |   |   |   | 3 | 1 | 7 | 9 | 6 |
|   | 3 |   | 9 | 7 | 5 | 4 |   | 8 |

### PUZZLE 18

|   |   |   | 2 | 5 | 7 | 8 | 6 | 4 |
|---|---|---|---|---|---|---|---|---|
|   | 8 | 5 |   |   |   |   | 2 |   |
| 7 |   |   |   |   |   | 1 | 5 |   |
| 3 |   | 7 |   |   | 9 |   |   | 8 |
| 1 | 4 | 8 | 7 |   |   | 5 | 3 |   |
|   | 9 | 6 |   | 3 | 8 |   | 7 | 5 |
| 5 |   | 1 |   |   | 8 | 7 | 4 | 6 |
|   | 7 | 2 | 6 | 4 |   |   |   |   |
|   |   |   | 5 | 7 |   | 2 |   |   |

### PUZZLE 19

| 2 | 3 | 6 | 9 |   | 8 |   |   |   |
|---|---|---|---|---|---|---|---|---|
|   | 1 |   |   |   |   |   |   | 9 |
|   | 8 |   |   | 7 | 1 | 5 |   | 3 |
| 6 |   | 8 |   | 2 |   |   | 9 | 1 |
| 1 |   |   | 7 | 8 | 3 |   | 4 |   |
| 4 |   |   | 6 |   | 9 |   |   |   |
|   |   |   | 1 |   | 7 |   | 3 | 5 |
|   |   |   | 5 |   | 6 | 1 | 8 |   |
|   | 9 | 1 |   |   |   |   |   | 4 |

### PUZZLE 20

|   | 6 | 1 | 4 |   |   | 3 | 7 |   |
|---|---|---|---|---|---|---|---|---|
|   |   | 7 |   |   |   | 2 |   |   |
|   | 9 |   | 7 | 6 | 2 | 8 |   | 3 |
| 7 | 4 |   | 6 |   |   | 1 | 5 | 3 |
| 6 | 5 |   |   |   | 7 |   |   | 1 |
|   |   | 2 | 8 |   | 4 | 9 |   |   |
| 9 |   | 3 |   |   |   |   | 8 | 2 |
| 5 |   | 6 |   |   |   | 3 |   | 4 |
| 8 |   | 4 | 3 |   |   | 6 |   |   |

# HAPPY *Father's Day*
## HARD SUDOKU

### PUZZLE 21

| | 4 | | | | | | | 1 |
|---|---|---|---|---|---|---|---|---|
| 1 | | | 2 | | 3 | | | |
| 8 | | | | 1 | | 4 | 2 | |
| | 2 | | | 9 | 1 | 6 | | |
| | 8 | | 6 | 3 | 2 | | 1 | 9 |
| 6 | 9 | | | | 7 | | 5 | 2 |
| 9 | | 4 | 1 | | 8 | 2 | | 5 |
| | 3 | | | | 5 | | | 6 |
| 5 | 1 | | | 6 | | | | 7 |

### PUZZLE 22

| 7 | | | 4 | 1 | 6 | 3 | | |
|---|---|---|---|---|---|---|---|---|
| 9 | 4 | | | | | 6 | | 8 |
| | 2 | 3 | | 7 | | | | |
| 2 | | 4 | | 8 | | | 3 | 5 |
| | 9 | 8 | | 3 | | 2 | | |
| 5 | 3 | | 2 | | | | | |
| 4 | | | 8 | | | 7 | 5 | 3 |
| | | 9 | 1 | | | | | |
| | 6 | 7 | 3 | 5 | 2 | | 9 | |

### PUZZLE 23

| | 8 | 6 | | | | | 5 | |
|---|---|---|---|---|---|---|---|---|
| | 3 | | | 7 | | 6 | 1 | |
| 9 | | | | | | 3 | | |
| | 6 | | 7 | 1 | | | | 2 |
| 1 | 9 | 5 | | | 6 | 4 | | |
| 7 | | | 3 | 9 | 4 | | 6 | 1 |
| | | 9 | | | 3 | | | 6 |
| | 4 | 1 | | | | | 2 | 5 |
| 2 | 5 | 3 | | 4 | | | 8 | 9 |

### PUZZLE 24

| | | | 6 | | | | 1 | 4 |
|---|---|---|---|---|---|---|---|---|
| | | 1 | 5 | 7 | 4 | 9 | | |
| 6 | | 9 | 1 | 2 | 3 | | 7 | 5 |
| | | | | | | | | 7 |
| | | | 8 | 5 | | 4 | 2 | 9 |
| 7 | 4 | | 2 | 3 | | | 8 | |
| | | 8 | 3 | | | | 9 | 2 |
| 2 | | 5 | | 8 | 6 | 3 | 4 | 1 |

# HAPPY
## Father's Day
# HARD SUDOKU

## PUZZLE 25

| 7 | 2 | 3 |   | 4 | 9 |   |   | 8 |
|---|---|---|---|---|---|---|---|---|
|   |   |   | 7 | 6 | 9 | 4 |   |   |
|   |   | 4 | 8 | 2 | 3 | 5 |   |   |
|   | 3 |   |   | 2 | 1 |   | 9 | 6 |
| 1 |   | 7 |   |   |   | 2 |   |   |
| 2 |   | 6 |   | 9 |   |   |   | 1 |
| 8 |   |   | 1 | 2 |   |   | 7 | 9 |
|   | 4 | 9 |   |   | 5 |   | 2 | 3 |
|   |   |   | 2 | 9 | 6 | 8 |   |   |

## PUZZLE 26

|   | 8 |   | 1 |   | 4 |   |   |   |
|---|---|---|---|---|---|---|---|---|
|   | 9 |   | 8 | 5 | 7 |   | 4 |   |
| 3 | 1 |   | 6 |   |   | 7 |   |   |
| 1 |   | 6 | 5 |   |   | 9 |   |   |
|   | 4 | 5 | 9 | 1 |   | 8 |   | 2 |
| 9 |   |   | 7 | 4 | 6 | 1 |   | 5 |
| 4 |   |   | 3 | 6 | 1 |   | 8 | 7 |
|   |   |   | 4 | 7 |   |   |   | 3 |
| 8 |   | 3 |   |   | 5 |   |   |   |

## PUZZLE 27

|   |   |   |   | 6 | 3 | 9 |   |   |
|---|---|---|---|---|---|---|---|---|
| 1 |   |   | 5 |   | 9 | 8 |   |   |
| 9 | 2 | 7 | 8 |   | 1 | 3 |   | 5 |
| 4 |   |   |   | 3 |   |   |   | 8 |
| 6 | 1 |   | 4 | 7 |   | 2 | 5 | 3 |
|   |   |   | 6 |   | 2 |   |   |   |
|   | 8 |   |   |   | 7 |   |   | 4 |
| 7 |   |   |   | 4 | 5 |   |   | 6 |
|   | 3 | 4 |   |   |   |   | 8 | 9 |

## PUZZLE 28

|   |   |   | 8 |   | 6 | 1 |   |   |
|---|---|---|---|---|---|---|---|---|
|   | 8 | 5 | 7 | 4 |   |   | 9 | 6 |
| 3 | 4 |   |   |   |   | 8 |   |   |
|   |   | 3 | 2 | 9 | 7 | 5 | 1 |   |
| 9 |   |   | 5 |   |   | 4 | 3 | 6 |
|   |   | 2 |   |   |   |   |   |   |
| 6 | 5 |   |   | 8 |   |   |   | 1 |
| 8 |   | 4 | 1 | 7 |   |   |   | 3 |
|   |   | 1 | 4 |   | 5 | 2 |   | 9 |

# HAPPY Father's Day

## HARD SUDOKU- ANSWERS

| | | | | | | | | |
|---|---|---|---|---|---|---|---|---|
| 1 | 5 | 7 | 8 | 4 | 3 | 9 | 6 | 2 |
| 9 | 4 | 6 | 2 | 5 | 1 | 3 | 8 | 7 |
| 2 | 8 | 3 | 7 | 6 | 9 | 4 | 5 | 1 |
| 8 | 7 | 9 | 6 | 3 | 5 | 2 | 1 | 4 |
| 5 | 1 | 2 | 4 | 8 | 7 | 6 | 9 | 3 |
| 3 | 6 | 4 | 9 | 1 | 2 | 5 | 7 | 8 |
| 6 | 9 | 1 | 3 | 2 | 8 | 7 | 4 | 5 |
| 7 | 3 | 8 | 5 | 9 | 4 | 1 | 2 | 6 |
| 4 | 2 | 5 | 1 | 7 | 6 | 8 | 3 | 9 |

| | | | | | | | | |
|---|---|---|---|---|---|---|---|---|
| 6 | 7 | 3 | 1 | 5 | 2 | 4 | 9 | 8 |
| 8 | 1 | 9 | 4 | 7 | 3 | 5 | 2 | 6 |
| 4 | 2 | 5 | 9 | 8 | 6 | 1 | 7 | 3 |
| 7 | 3 | 8 | 6 | 1 | 5 | 2 | 4 | 9 |
| 5 | 4 | 6 | 7 | 2 | 9 | 8 | 3 | 1 |
| 1 | 9 | 2 | 8 | 3 | 4 | 6 | 5 | 7 |
| 2 | 6 | 4 | 3 | 9 | 8 | 7 | 1 | 5 |
| 9 | 5 | 1 | 2 | 6 | 7 | 3 | 8 | 4 |
| 3 | 8 | 7 | 5 | 4 | 1 | 9 | 6 | 2 |

| | | | | | | | | |
|---|---|---|---|---|---|---|---|---|
| 9 | 1 | 6 | 3 | 7 | 8 | 2 | 5 | 4 |
| 8 | 7 | 5 | 4 | 9 | 2 | 6 | 1 | 3 |
| 3 | 2 | 4 | 6 | 1 | 5 | 7 | 9 | 8 |
| 7 | 6 | 9 | 8 | 4 | 3 | 5 | 2 | 1 |
| 5 | 8 | 3 | 9 | 2 | 1 | 4 | 6 | 7 |
| 1 | 4 | 2 | 7 | 5 | 6 | 8 | 3 | 9 |
| 6 | 5 | 7 | 1 | 8 | 9 | 3 | 4 | 2 |
| 2 | 9 | 8 | 5 | 3 | 4 | 1 | 7 | 6 |
| 4 | 3 | 1 | 2 | 6 | 7 | 9 | 8 | 5 |

| | | | | | | | | |
|---|---|---|---|---|---|---|---|---|
| 6 | 4 | 3 | 2 | 8 | 5 | 1 | 9 | 7 |
| 7 | 9 | 2 | 6 | 3 | 1 | 4 | 8 | 5 |
| 1 | 5 | 8 | 4 | 9 | 7 | 3 | 6 | 2 |
| 9 | 6 | 7 | 5 | 1 | 4 | 2 | 3 | 8 |
| 2 | 3 | 4 | 8 | 6 | 9 | 7 | 5 | 1 |
| 8 | 1 | 5 | 3 | 7 | 2 | 9 | 4 | 6 |
| 3 | 7 | 9 | 1 | 5 | 8 | 6 | 2 | 4 |
| 5 | 2 | 1 | 9 | 4 | 6 | 8 | 7 | 3 |
| 4 | 8 | 6 | 7 | 2 | 3 | 5 | 1 | 9 |

| | | | | | | | | |
|---|---|---|---|---|---|---|---|---|
| 8 | 3 | 7 | 6 | 9 | 5 | 4 | 2 | 1 |
| 1 | 6 | 5 | 7 | 2 | 4 | 8 | 3 | 9 |
| 2 | 9 | 4 | 8 | 3 | 1 | 5 | 7 | 6 |
| 9 | 5 | 1 | 4 | 6 | 2 | 3 | 8 | 7 |
| 3 | 8 | 2 | 9 | 5 | 7 | 1 | 6 | 4 |
| 4 | 7 | 6 | 3 | 1 | 8 | 9 | 5 | 2 |
| 7 | 4 | 9 | 2 | 8 | 3 | 6 | 1 | 5 |
| 5 | 2 | 8 | 1 | 4 | 6 | 7 | 9 | 3 |
| 6 | 1 | 3 | 5 | 7 | 9 | 2 | 4 | 8 |

| | | | | | | | | |
|---|---|---|---|---|---|---|---|---|
| 1 | 5 | 9 | 3 | 6 | 4 | 8 | 2 | 7 |
| 2 | 4 | 7 | 9 | 8 | 5 | 1 | 6 | 3 |
| 3 | 6 | 8 | 7 | 1 | 2 | 9 | 5 | 4 |
| 9 | 1 | 3 | 6 | 5 | 7 | 2 | 4 | 8 |
| 4 | 7 | 5 | 2 | 9 | 8 | 6 | 3 | 1 |
| 8 | 2 | 6 | 4 | 3 | 1 | 7 | 9 | 5 |
| 7 | 8 | 2 | 5 | 4 | 9 | 3 | 1 | 6 |
| 5 | 3 | 1 | 8 | 2 | 6 | 4 | 7 | 9 |
| 6 | 9 | 4 | 1 | 7 | 3 | 5 | 8 | 2 |

# HAPPY Father's Day

## HARD SUDOKU- ANSWERS

| | | | | | | | | |
|---|---|---|---|---|---|---|---|---|
| 4 | 1 | 5 | 9 | 7 | 8 | 3 | 2 | 6 |
| 7 | 3 | 8 | 5 | 2 | 6 | 9 | 4 | 1 |
| 6 | 2 | 9 | 3 | 1 | 4 | 7 | 5 | 8 |
| 3 | 8 | 6 | 1 | 4 | 7 | 2 | 9 | 5 |
| 1 | 5 | 2 | 6 | 9 | 3 | 8 | 7 | 4 |
| 9 | 7 | 4 | 2 | 8 | 5 | 1 | 6 | 3 |
| 5 | 9 | 1 | 8 | 6 | 2 | 4 | 3 | 7 |
| 8 | 4 | 3 | 7 | 5 | 9 | 6 | 1 | 2 |
| 2 | 6 | 7 | 4 | 3 | 1 | 5 | 8 | 9 |

| | | | | | | | | |
|---|---|---|---|---|---|---|---|---|
| 2 | 7 | 9 | 1 | 5 | 6 | 3 | 8 | 4 |
| 4 | 5 | 6 | 2 | 3 | 8 | 9 | 7 | 1 |
| 1 | 8 | 3 | 4 | 7 | 9 | 2 | 5 | 6 |
| 3 | 6 | 8 | 7 | 9 | 1 | 5 | 4 | 2 |
| 7 | 9 | 1 | 5 | 4 | 2 | 6 | 3 | 8 |
| 5 | 2 | 4 | 6 | 8 | 3 | 1 | 9 | 7 |
| 9 | 3 | 2 | 8 | 1 | 4 | 7 | 6 | 5 |
| 6 | 4 | 5 | 9 | 2 | 7 | 8 | 1 | 3 |
| 8 | 1 | 7 | 3 | 6 | 5 | 4 | 2 | 9 |

| | | | | | | | | |
|---|---|---|---|---|---|---|---|---|
| 1 | 7 | 2 | 5 | 8 | 6 | 3 | 9 | 4 |
| 9 | 6 | 5 | 7 | 3 | 4 | 2 | 1 | 8 |
| 4 | 8 | 3 | 1 | 2 | 9 | 5 | 6 | 7 |
| 3 | 4 | 6 | 9 | 5 | 2 | 7 | 8 | 1 |
| 2 | 9 | 1 | 8 | 7 | 3 | 4 | 5 | 6 |
| 7 | 5 | 8 | 4 | 6 | 1 | 9 | 3 | 2 |
| 6 | 1 | 7 | 3 | 4 | 5 | 8 | 2 | 9 |
| 8 | 3 | 9 | 2 | 1 | 7 | 6 | 4 | 5 |
| 5 | 2 | 4 | 6 | 9 | 8 | 1 | 7 | 3 |

| | | | | | | | | |
|---|---|---|---|---|---|---|---|---|
| 2 | 1 | 3 | 6 | 4 | 5 | 7 | 8 | 9 |
| 6 | 9 | 8 | 2 | 3 | 7 | 5 | 1 | 4 |
| 7 | 4 | 5 | 8 | 1 | 9 | 6 | 3 | 2 |
| 5 | 7 | 6 | 4 | 9 | 8 | 3 | 2 | 1 |
| 1 | 3 | 4 | 7 | 2 | 6 | 9 | 5 | 8 |
| 9 | 8 | 2 | 1 | 5 | 3 | 4 | 7 | 6 |
| 3 | 5 | 1 | 9 | 6 | 2 | 8 | 4 | 7 |
| 8 | 2 | 9 | 3 | 7 | 4 | 1 | 6 | 5 |
| 4 | 6 | 7 | 5 | 8 | 1 | 2 | 9 | 3 |

| | | | | | | | | |
|---|---|---|---|---|---|---|---|---|
| 2 | 1 | 9 | 6 | 4 | 8 | 7 | 5 | 3 |
| 8 | 3 | 5 | 2 | 1 | 7 | 4 | 6 | 9 |
| 4 | 6 | 7 | 3 | 9 | 5 | 8 | 1 | 2 |
| 6 | 8 | 3 | 9 | 7 | 4 | 1 | 2 | 5 |
| 1 | 7 | 2 | 5 | 3 | 6 | 9 | 8 | 4 |
| 9 | 5 | 4 | 8 | 2 | 1 | 3 | 7 | 6 |
| 5 | 4 | 6 | 1 | 8 | 3 | 2 | 9 | 7 |
| 3 | 9 | 8 | 7 | 6 | 2 | 5 | 4 | 1 |
| 7 | 2 | 1 | 4 | 5 | 9 | 6 | 3 | 8 |

| | | | | | | | | |
|---|---|---|---|---|---|---|---|---|
| 9 | 4 | 5 | 8 | 3 | 1 | 7 | 6 | 2 |
| 2 | 6 | 1 | 7 | 9 | 4 | 8 | 5 | 3 |
| 7 | 8 | 3 | 5 | 2 | 6 | 9 | 1 | 4 |
| 3 | 7 | 9 | 1 | 8 | 2 | 5 | 4 | 6 |
| 4 | 2 | 6 | 3 | 7 | 5 | 1 | 9 | 8 |
| 1 | 5 | 8 | 4 | 6 | 9 | 3 | 2 | 7 |
| 6 | 9 | 7 | 2 | 5 | 3 | 4 | 8 | 1 |
| 5 | 3 | 4 | 6 | 1 | 8 | 2 | 7 | 9 |
| 8 | 1 | 2 | 9 | 4 | 7 | 6 | 3 | 5 |

# HAPPY Father's Day

## HARD SUDOKU- ANSWERS

| | | | | | | | | |
|---|---|---|---|---|---|---|---|---|
| 3 | 1 | 5 | 7 | 2 | 6 | 8 | 4 | 9 |
| 9 | 2 | 4 | 3 | 5 | 8 | 1 | 7 | 6 |
| 6 | 7 | 8 | 9 | 1 | 4 | 5 | 3 | 2 |
| 4 | 5 | 3 | 6 | 8 | 7 | 2 | 9 | 1 |
| 8 | 9 | 1 | 4 | 3 | 2 | 6 | 5 | 7 |
| 2 | 6 | 7 | 1 | 9 | 5 | 3 | 8 | 4 |
| 7 | 8 | 9 | 2 | 6 | 3 | 4 | 1 | 5 |
| 1 | 3 | 2 | 5 | 4 | 9 | 7 | 6 | 8 |
| 5 | 4 | 6 | 8 | 7 | 1 | 9 | 2 | 3 |

| | | | | | | | | |
|---|---|---|---|---|---|---|---|---|
| 2 | 9 | 8 | 1 | 3 | 5 | 4 | 6 | 7 |
| 3 | 7 | 6 | 4 | 8 | 9 | 1 | 2 | 5 |
| 5 | 1 | 4 | 6 | 7 | 2 | 9 | 3 | 8 |
| 4 | 8 | 1 | 2 | 5 | 7 | 6 | 9 | 3 |
| 6 | 5 | 3 | 8 | 9 | 1 | 2 | 7 | 4 |
| 9 | 2 | 7 | 3 | 6 | 4 | 5 | 8 | 1 |
| 7 | 3 | 9 | 5 | 1 | 6 | 8 | 4 | 2 |
| 8 | 4 | 5 | 9 | 2 | 3 | 7 | 1 | 6 |
| 1 | 6 | 2 | 7 | 4 | 8 | 3 | 5 | 9 |

| | | | | | | | | |
|---|---|---|---|---|---|---|---|---|
| 9 | 5 | 1 | 4 | 3 | 2 | 7 | 6 | 8 |
| 2 | 6 | 3 | 8 | 9 | 7 | 1 | 5 | 4 |
| 4 | 8 | 7 | 5 | 1 | 6 | 2 | 3 | 9 |
| 8 | 2 | 9 | 3 | 6 | 4 | 5 | 1 | 7 |
| 5 | 1 | 6 | 2 | 7 | 8 | 4 | 9 | 3 |
| 7 | 3 | 4 | 9 | 5 | 1 | 6 | 8 | 2 |
| 6 | 4 | 5 | 7 | 8 | 9 | 3 | 2 | 1 |
| 1 | 9 | 2 | 6 | 4 | 3 | 8 | 7 | 5 |
| 3 | 7 | 8 | 1 | 2 | 5 | 9 | 4 | 6 |

| | | | | | | | | |
|---|---|---|---|---|---|---|---|---|
| 6 | 2 | 4 | 5 | 1 | 9 | 7 | 3 | 8 |
| 8 | 9 | 3 | 7 | 2 | 4 | 1 | 5 | 6 |
| 1 | 7 | 5 | 6 | 3 | 8 | 2 | 4 | 9 |
| 3 | 1 | 2 | 9 | 5 | 7 | 6 | 8 | 4 |
| 5 | 6 | 7 | 8 | 4 | 2 | 3 | 9 | 1 |
| 4 | 8 | 9 | 1 | 6 | 3 | 5 | 2 | 7 |
| 9 | 5 | 1 | 3 | 8 | 6 | 4 | 7 | 2 |
| 7 | 4 | 6 | 2 | 9 | 5 | 8 | 1 | 3 |
| 2 | 3 | 8 | 4 | 7 | 1 | 9 | 6 | 5 |

| | | | | | | | | |
|---|---|---|---|---|---|---|---|---|
| 3 | 1 | 7 | 8 | 6 | 2 | 9 | 4 | 5 |
| 8 | 5 | 9 | 1 | 4 | 7 | 2 | 6 | 3 |
| 6 | 4 | 2 | 3 | 5 | 9 | 8 | 7 | 1 |
| 4 | 6 | 5 | 7 | 2 | 8 | 1 | 3 | 9 |
| 1 | 7 | 8 | 5 | 9 | 3 | 6 | 2 | 4 |
| 9 | 2 | 3 | 4 | 1 | 6 | 5 | 8 | 7 |
| 7 | 9 | 1 | 6 | 8 | 4 | 3 | 5 | 2 |
| 5 | 8 | 4 | 2 | 3 | 1 | 7 | 9 | 6 |
| 2 | 3 | 6 | 9 | 7 | 5 | 4 | 1 | 8 |

| | | | | | | | | |
|---|---|---|---|---|---|---|---|---|
| 9 | 1 | 3 | 2 | 5 | 7 | 8 | 6 | 4 |
| 6 | 8 | 5 | 3 | 1 | 4 | 9 | 2 | 7 |
| 7 | 2 | 4 | 8 | 9 | 6 | 1 | 5 | 3 |
| 3 | 5 | 7 | 4 | 2 | 9 | 6 | 1 | 8 |
| 1 | 4 | 8 | 7 | 6 | 5 | 3 | 9 | 2 |
| 2 | 9 | 6 | 1 | 3 | 8 | 4 | 7 | 5 |
| 5 | 3 | 1 | 9 | 8 | 2 | 7 | 4 | 6 |
| 8 | 7 | 2 | 6 | 4 | 1 | 5 | 3 | 9 |
| 4 | 6 | 9 | 5 | 7 | 3 | 2 | 8 | 1 |

# HAPPY Father's Day

## HARD SUDOKU- ANSWERS

| | | | | | | | | |
|---|---|---|---|---|---|---|---|---|
| 2 | 3 | 6 | 9 | 5 | 8 | 4 | 1 | 7 |
| 7 | 1 | 5 | 3 | 6 | 4 | 8 | 2 | 9 |
| 9 | 8 | 4 | 2 | 7 | 1 | 5 | 6 | 3 |
| 6 | 7 | 8 | 4 | 2 | 5 | 3 | 9 | 1 |
| 1 | 5 | 9 | 7 | 8 | 3 | 2 | 4 | 6 |
| 4 | 2 | 3 | 6 | 1 | 9 | 7 | 5 | 8 |
| 8 | 6 | 2 | 1 | 4 | 7 | 9 | 3 | 5 |
| 3 | 4 | 7 | 5 | 9 | 6 | 1 | 8 | 2 |
| 5 | 9 | 1 | 8 | 3 | 2 | 6 | 7 | 4 |

| | | | | | | | | |
|---|---|---|---|---|---|---|---|---|
| 2 | 6 | 1 | 4 | 8 | 3 | 7 | 5 | 9 |
| 3 | 8 | 7 | 1 | 9 | 5 | 2 | 4 | 6 |
| 4 | 9 | 5 | 7 | 6 | 2 | 8 | 1 | 3 |
| 7 | 4 | 9 | 6 | 2 | 1 | 5 | 3 | 8 |
| 6 | 5 | 8 | 9 | 3 | 7 | 4 | 2 | 1 |
| 1 | 3 | 2 | 8 | 5 | 4 | 9 | 6 | 7 |
| 9 | 7 | 3 | 5 | 4 | 6 | 1 | 8 | 2 |
| 5 | 1 | 6 | 2 | 7 | 8 | 3 | 9 | 4 |
| 8 | 2 | 4 | 3 | 1 | 9 | 6 | 7 | 5 |

| | | | | | | | | |
|---|---|---|---|---|---|---|---|---|
| 2 | 4 | 3 | 8 | 5 | 6 | 9 | 7 | 1 |
| 1 | 7 | 9 | 2 | 4 | 3 | 5 | 6 | 8 |
| 8 | 5 | 6 | 7 | 1 | 9 | 4 | 2 | 3 |
| 3 | 2 | 7 | 5 | 9 | 1 | 6 | 8 | 4 |
| 4 | 8 | 5 | 6 | 3 | 2 | 7 | 1 | 9 |
| 6 | 9 | 1 | 4 | 8 | 7 | 3 | 5 | 2 |
| 9 | 6 | 4 | 1 | 7 | 8 | 2 | 3 | 5 |
| 7 | 3 | 8 | 9 | 2 | 5 | 1 | 4 | 6 |
| 5 | 1 | 2 | 3 | 6 | 4 | 8 | 9 | 7 |

| | | | | | | | | |
|---|---|---|---|---|---|---|---|---|
| 7 | 8 | 5 | 4 | 1 | 6 | 3 | 2 | 9 |
| 9 | 4 | 1 | 5 | 2 | 3 | 6 | 7 | 8 |
| 6 | 2 | 3 | 9 | 7 | 8 | 5 | 1 | 4 |
| 2 | 7 | 4 | 6 | 8 | 1 | 9 | 3 | 5 |
| 1 | 9 | 8 | 7 | 3 | 5 | 2 | 4 | 6 |
| 5 | 3 | 6 | 2 | 9 | 4 | 1 | 8 | 7 |
| 4 | 1 | 2 | 8 | 6 | 9 | 7 | 5 | 3 |
| 3 | 5 | 9 | 1 | 4 | 7 | 8 | 6 | 2 |
| 8 | 6 | 7 | 3 | 5 | 2 | 4 | 9 | 1 |

| | | | | | | | | |
|---|---|---|---|---|---|---|---|---|
| 4 | 8 | 6 | 1 | 3 | 2 | 9 | 5 | 7 |
| 5 | 3 | 2 | 4 | 7 | 9 | 6 | 1 | 8 |
| 9 | 1 | 7 | 5 | 6 | 8 | 2 | 3 | 4 |
| 3 | 6 | 4 | 7 | 1 | 5 | 8 | 9 | 2 |
| 1 | 9 | 5 | 8 | 2 | 6 | 4 | 7 | 3 |
| 7 | 2 | 8 | 3 | 9 | 4 | 5 | 6 | 1 |
| 8 | 7 | 9 | 2 | 5 | 3 | 1 | 4 | 6 |
| 6 | 4 | 1 | 9 | 8 | 7 | 3 | 2 | 5 |
| 2 | 5 | 3 | 6 | 4 | 1 | 7 | 8 | 9 |

| | | | | | | | | |
|---|---|---|---|---|---|---|---|---|
| 3 | 5 | 7 | 6 | 9 | 8 | 2 | 1 | 4 |
| 8 | 2 | 1 | 5 | 7 | 4 | 9 | 6 | 3 |
| 6 | 9 | 4 | 1 | 2 | 3 | 8 | 7 | 5 |
| 5 | 8 | 2 | 4 | 6 | 9 | 1 | 3 | 7 |
| 1 | 3 | 6 | 8 | 5 | 7 | 4 | 2 | 9 |
| 7 | 4 | 9 | 2 | 3 | 1 | 5 | 8 | 6 |
| 4 | 6 | 8 | 3 | 1 | 5 | 7 | 9 | 2 |
| 2 | 7 | 5 | 9 | 8 | 6 | 3 | 4 | 1 |
| 9 | 1 | 3 | 7 | 4 | 2 | 6 | 5 | 8 |

# HAPPY Father's Day

## HARD SUDOKU- ANSWERS

| | | | | | | | | |
|---|---|---|---|---|---|---|---|---|
| 7 | 2 | 3 | 5 | 4 | 9 | 1 | 6 | 8 |
| 5 | 1 | 8 | 3 | 7 | 6 | 9 | 4 | 2 |
| 9 | 6 | 4 | 1 | 8 | 2 | 3 | 5 | 7 |
| 4 | 3 | 5 | 8 | 2 | 1 | 7 | 9 | 6 |
| 1 | 9 | 7 | 6 | 5 | 3 | 2 | 8 | 4 |
| 2 | 8 | 6 | 4 | 9 | 7 | 5 | 3 | 1 |
| 8 | 5 | 1 | 2 | 3 | 4 | 6 | 7 | 9 |
| 6 | 4 | 9 | 7 | 1 | 5 | 8 | 2 | 3 |
| 3 | 7 | 2 | 9 | 6 | 8 | 4 | 1 | 5 |

| | | | | | | | | |
|---|---|---|---|---|---|---|---|---|
| 5 | 8 | 7 | 1 | 3 | 4 | 6 | 2 | 9 |
| 6 | 9 | 2 | 8 | 5 | 7 | 3 | 4 | 1 |
| 3 | 1 | 4 | 6 | 2 | 9 | 7 | 5 | 8 |
| 1 | 3 | 6 | 5 | 8 | 2 | 9 | 7 | 4 |
| 7 | 4 | 5 | 9 | 1 | 3 | 8 | 6 | 2 |
| 9 | 2 | 8 | 7 | 4 | 6 | 1 | 3 | 5 |
| 4 | 5 | 9 | 3 | 6 | 1 | 2 | 8 | 7 |
| 2 | 6 | 1 | 4 | 7 | 8 | 5 | 9 | 3 |
| 8 | 7 | 3 | 2 | 9 | 5 | 4 | 1 | 6 |

| | | | | | | | | |
|---|---|---|---|---|---|---|---|---|
| 8 | 4 | 5 | 7 | 6 | 3 | 9 | 1 | 2 |
| 1 | 6 | 3 | 5 | 2 | 9 | 8 | 4 | 7 |
| 9 | 2 | 7 | 8 | 4 | 1 | 3 | 6 | 5 |
| 4 | 7 | 2 | 1 | 3 | 5 | 6 | 9 | 8 |
| 6 | 1 | 9 | 4 | 7 | 8 | 2 | 5 | 3 |
| 3 | 5 | 8 | 6 | 9 | 2 | 4 | 7 | 1 |
| 2 | 8 | 6 | 9 | 5 | 7 | 1 | 3 | 4 |
| 7 | 9 | 1 | 3 | 8 | 4 | 5 | 2 | 6 |
| 5 | 3 | 4 | 2 | 1 | 6 | 7 | 8 | 9 |

| | | | | | | | | |
|---|---|---|---|---|---|---|---|---|
| 2 | 9 | 7 | 8 | 5 | 6 | 1 | 3 | 4 |
| 1 | 8 | 5 | 7 | 4 | 3 | 9 | 6 | 2 |
| 3 | 4 | 6 | 9 | 2 | 1 | 8 | 7 | 5 |
| 4 | 6 | 3 | 2 | 9 | 7 | 5 | 1 | 8 |
| 9 | 7 | 8 | 5 | 1 | 4 | 3 | 2 | 6 |
| 5 | 1 | 2 | 6 | 3 | 8 | 4 | 9 | 7 |
| 6 | 5 | 9 | 3 | 8 | 2 | 7 | 4 | 1 |
| 8 | 2 | 4 | 1 | 7 | 9 | 6 | 5 | 3 |
| 7 | 3 | 1 | 4 | 6 | 5 | 2 | 8 | 9 |

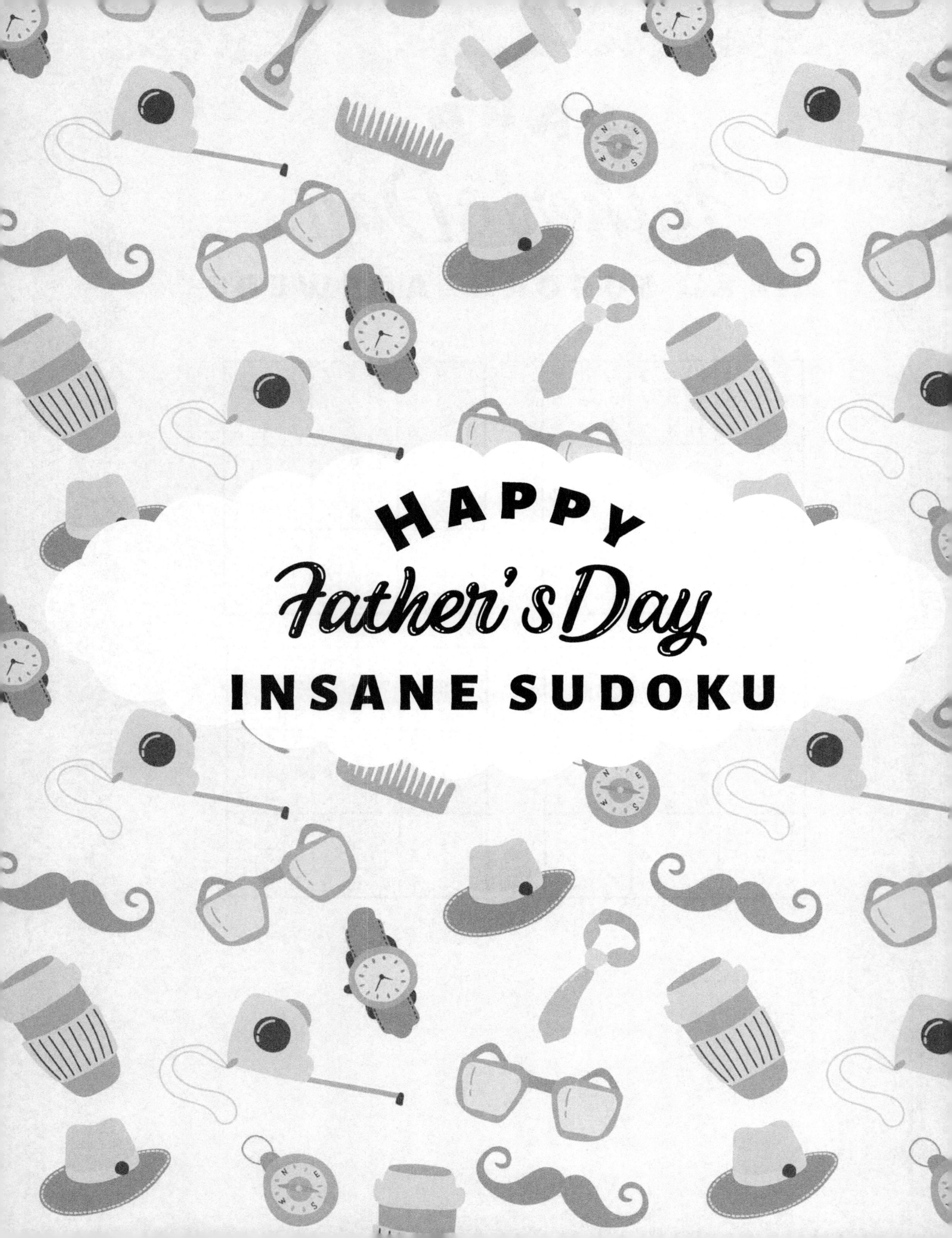

# HAPPY
## Father's Day
# INSANE SUDOKU

# HAPPY Father's Day
## INSANE SUDOKU

## PUZZLE 1

| | 4 | | | | 6 | 7 | 1 | |
| | 5 | 2 | 3 | | | 9 | | 4 |
| 3 | | | 4 | | | | 2 | |
| | | | 6 | | | | | |
| | 6 | | | 1 | 8 | | | |
| 2 | 3 | 1 | | 4 | | | 9 | |
| | 8 | 4 | 5 | 6 | | | | |
| | 7 | | | | | | | 8 |
| | | | | | 4 | | | 9 |

## PUZZLE 2

| 3 | | 4 | | 7 | | | | |
| | 7 | | | 4 | 5 | | | |
| 8 | | | 9 | | | | 3 | |
| | 1 | | | | 3 | 7 | 6 | |
| | 2 | 8 | 6 | | | | | |
| | 9 | 7 | 2 | | | | | 1 |
| 2 | | | 1 | 8 | | 6 | 4 | |
| | | | 3 | 7 | 1 | | | |
| 1 | | | 2 | | 6 | | | 8 |

## PUZZLE 3

| | | | 9 | 3 | | 6 | | |
| 6 | | | 8 | | | | | |
| 2 | 8 | 9 | | | | 1 | | 5 |
| 5 | | 7 | | | | | 2 | 3 |
| | | 8 | 2 | | 7 | | | 9 |
| | | | | 9 | | | | |
| 3 | | | | | | | 1 | |
| | 5 | 1 | | | 6 | | | |
| | 6 | | | | 4 | | | 7 |

## PUZZLE 4

| | | 5 | | | | 2 | | |
| | | | | 5 | 6 | | | |
| | | | | | | | 4 | 9 |
| 7 | 2 | | | 4 | | | | 5 |
| | 9 | 3 | | | | | | 8 |
| | 1 | 6 | 5 | | 2 | | 9 | |
| | 6 | | 8 | | | 1 | 4 | 7 |
| 8 | | | | | 4 | 1 | 5 | 6 |
| | | 7 | | | | 9 | | |

# HAPPY Father's Day
## INSANE SUDOKU

## PUZZLE 5

| | | 4 | | | | | | |
|---|---|---|---|---|---|---|---|---|
| | 2 | | 8 | 7 | 9 | | | 1 |
| | | | | | | 7 | | 8 |
| 5 | | | | | 3 | | | |
| | 7 | | | 2 | | 4 | 1 | |
| | | | 7 | | 3 | | | |
| 9 | | 8 | | 6 | | 2 | | 4 |
| | 7 | | | 1 | | 6 | | |
| | | | 5 | 4 | | | 7 | |

## PUZZLE 6

| 1 | 9 | 8 | | 7 | | | | 3 |
|---|---|---|---|---|---|---|---|---|
| | 4 | | | 8 | | 9 | 7 | |
| | | | | | | | 5 | |
| | 7 | 2 | 4 | | | 6 | | |
| 3 | | | | 1 | | | | |
| | 9 | | | | | | | 7 |
| 7 | 6 | 1 | | 8 | | | 4 | 9 |
| | 3 | | | | | | | |
| | | | | 5 | | | | 1 |

## PUZZLE 7

| 2 | | | | | | 6 | 5 |
|---|---|---|---|---|---|---|---|
| | | | 3 | | | | 1 |
| | | 1 | | | 7 | | |
| | 8 | 3 | 5 | | 4 | 9 | 1 |
| 1 | 9 | 6 | | 3 | | | 4 |
| | | | 1 | | | | 7 |
| | 1 | | | 7 | | | |
| 6 | 7 | 9 | | | | | |
| 4 | 2 | | | 6 | 5 | 1 | 3 | 7 |

## PUZZLE 8

| | | 5 | | | 8 | | 9 | |
|---|---|---|---|---|---|---|---|---|
| 3 | 8 | | 2 | 1 | 9 | | | |
| | | | | 3 | 5 | 8 | | |
| | 5 | | | | | 2 | | |
| | 7 | | 5 | | | | | |
| | 2 | | | 4 | 6 | 5 | 3 | 9 |
| 8 | | 2 | | 5 | | 6 | | |
| | | | | | | 1 | 3 | |
| | | 6 | 3 | 2 | 7 | | | 8 |

# HAPPY *Father's Day*
# INSANE SUDOKU

## PUZZLE 9

|   | 6 | 2 |   |   |   | 9 |   |   |
|---|---|---|---|---|---|---|---|---|
| 7 | 3 |   |   | 9 |   |   | 2 |   |
|   | 9 | 4 | 2 |   |   |   | 8 |   |
| 8 | 5 |   |   |   |   |   |   | 6 |
|   | 7 | 6 |   | 2 | 9 |   | 1 |   |
|   |   | 1 | 5 | 3 |   |   |   |   |
|   |   | 3 | 7 |   |   | 4 |   |   |
| 6 |   |   |   |   |   | 7 | 2 |   |
|   | 1 |   |   |   |   | 3 |   | 8 |

## PUZZLE 10

|   | 9 |   |   |   | 1 |   | 6 | 8 |
|---|---|---|---|---|---|---|---|---|
|   |   |   | 6 |   |   |   |   | 3 |
|   | 2 | 4 |   |   |   |   | 1 | 5 |
|   | 3 |   |   | 5 |   | 4 | 7 |   |
|   |   | 6 |   |   | 8 |   |   | 9 |
|   | 5 |   |   |   |   |   |   | 2 |
|   | 7 |   | 9 |   | 4 |   | 5 |   |
| 9 | 6 | 8 | 7 |   |   |   | 2 |   |
|   | 1 | 5 |   | 2 | 3 |   |   |   |

## PUZZLE 11

|   | 8 |   |   |   | 4 | 1 | 6 | 3 |
|---|---|---|---|---|---|---|---|---|
| 9 |   | 4 |   |   | 1 |   |   |   |
| 6 |   | 2 |   | 5 |   |   |   |   |
| 2 | 7 |   | 1 |   |   |   | 3 | 9 |
|   |   |   | 3 |   | 9 | 7 | 1 |   |
|   | 9 |   |   | 7 | 8 |   | 5 |   |
| 5 |   |   |   |   |   |   |   | 8 |
|   |   | 9 |   |   |   | 6 | 4 |   |
|   |   |   | 8 |   |   |   | 9 |   |

## PUZZLE 12

|   | 8 |   |   | 5 |   |   | 1 | 9 |
|---|---|---|---|---|---|---|---|---|
|   |   |   |   |   |   |   |   |   |
|   |   | 1 |   | 6 | 2 | 8 | 3 |   |
|   |   |   | 1 |   |   |   |   |   |
| 7 |   |   | 5 | 2 | 6 | 3 |   |   |
| 4 |   |   | 8 | 9 |   |   | 2 |   |
|   |   | 7 |   |   |   | 4 |   |   |
| 6 | 4 | 9 |   |   |   | 2 |   |   |
| 1 | 3 |   |   |   | 5 |   |   |   |

# HAPPY *Father's Day*
# INSANE SUDOKU

## PUZZLE 13

| | 1 | 8 | | 7 | | | | |
|---|---|---|---|---|---|---|---|---|
| 9 | | 5 | | | | 2 | 7 | 8 |
| | 4 | | | | | 5 | | |
| | 3 | | 7 | | | 6 | | |
| 4 | | | | 9 | | | 8 | |
| 8 | | | | 6 | | 3 | 9 | 7 |
| | 6 | 7 | 3 | | | | | |
| | | | 1 | | | 4 | | |
| 1 | | 4 | | | | | | 5 |

## PUZZLE 14

| 6 | 9 | | 5 | 7 | | 3 | | |
|---|---|---|---|---|---|---|---|---|
| | | 7 | | | | 8 | | 9 |
| | | | | | | | | |
| | 2 | | | | 3 | | 8 | 5 |
| | 3 | 8 | | | | | | |
| 8 | | 6 | | 2 | 5 | | 4 | 3 |
| | 4 | | | | | | 2 | 8 |
| | 9 | 2 | | | | | | |
| 3 | 5 | 7 | 8 | | | | | 4 |

## PUZZLE 15

| 9 | | | 4 | | | 1 | | |
|---|---|---|---|---|---|---|---|---|
| | 6 | | | 2 | | 7 | 8 | 3 |
| | | | | | | 5 | 4 | |
| | 6 | 1 | 2 | | | 3 | 5 | 8 |
| | | | | | | | 2 | |
| | 8 | 2 | | | 7 | | 1 | |
| | | | | 1 | 2 | | | 6 |
| | 4 | 3 | 6 | | | | | |
| | | | | 8 | | | | |

## PUZZLE 16

| 8 | 2 | | 9 | 5 | | | | |
|---|---|---|---|---|---|---|---|---|
| | | | | | | | | 6 |
| | | | 1 | | | 2 | 8 | 5 |
| | 2 | | 3 | 4 | | 5 | 9 | |
| | 3 | | | | | | 1 | |
| 9 | | 5 | | | | 6 | 2 | |
| | 6 | 4 | | 9 | | | 1 | |
| | 8 | 1 | 7 | | | | 6 | |
| 5 | | | | | | | | |

# HAPPY
## *Father's Day*
# INSANE SUDOKU

## PUZZLE 17

| 2 | 4 | 7 |   |   |   |   |   |   |
|---|---|---|---|---|---|---|---|---|
|   |   |   |   |   |   |   |   | 3 |
| 9 | 6 |   | 1 |   |   |   |   |   |
|   |   |   | 8 |   |   |   |   | 1 |
| 7 |   |   | 6 |   |   | 4 |   |   |
|   | 1 | 9 |   | 7 |   | 3 |   |   |
| 3 | 8 |   |   | 1 |   |   |   |   |
|   |   | 2 | 5 | 6 |   |   |   | 8 |
| 4 |   |   | 5 |   |   | 9 | 6 | 2 |

## PUZZLE 18

|   |   |   | 3 | 4 | 2 |   |   | 7 |
|---|---|---|---|---|---|---|---|---|
|   | 6 |   | 1 | 8 |   |   | 3 |   |
|   |   |   | 2 |   |   |   |   |   |
| 4 |   | 2 |   |   | 6 |   |   |   |
|   |   |   |   |   | 9 |   |   |   |
|   | 1 | 5 |   |   | 9 |   | 6 |   |
|   |   | 4 | 8 | 6 |   |   | 1 |   |
| 6 | 7 |   |   | 4 |   |   |   | 2 |
| 9 | 8 |   |   |   |   |   |   |   |

## PUZZLE 19

|   |   |   |   | 7 | 6 |   |   |   |
|---|---|---|---|---|---|---|---|---|
|   | 6 |   | 4 | 5 |   | 9 |   | 2 |
|   |   |   | 9 | 8 | 6 | 5 |   |   |
| 6 |   | 2 | 5 | 3 |   |   | 4 |   |
|   | 5 |   |   | 2 |   |   |   | 9 |
| 3 |   |   | 6 |   |   |   |   |   |
| 2 | 8 | 1 |   |   |   |   |   |   |
|   |   | 7 |   |   |   |   |   | 1 |
| 9 | 5 |   |   | 7 |   | 3 |   |   |

## PUZZLE 20

|   |   |   | 7 | 1 |   | 4 | 3 |   |
|---|---|---|---|---|---|---|---|---|
| 4 | 1 |   |   | 8 |   | 7 | 9 |   |
|   | 3 |   |   | 5 |   | 2 | 1 |   |
|   |   | 4 |   |   |   | 8 |   |   |
|   |   | 3 | 8 |   |   | 1 | 6 | 5 |
|   | 8 | 1 |   |   | 3 |   |   |   |
|   |   |   | 9 |   |   |   |   |   |
|   | 9 |   |   | 8 | 5 |   |   |   |
| 3 | 4 |   |   | 2 |   |   | 6 |   |

# HAPPY
## *Father's Day*
# INSANE SUDOKU

## PUZZLE 21

| 8 |   |   |   | 2 |   | 7 | 6 |   |
|---|---|---|---|---|---|---|---|---|
|   | 2 |   | 1 | 5 |   |   | 8 |   |
|   |   |   |   |   |   | 1 |   | 9 |
| 1 |   | 9 |   | 4 |   |   |   | 2 |
|   | 3 | 6 |   |   |   | 9 |   |   |
| 5 |   |   | 3 |   |   |   |   | 7 |
|   |   |   | 9 | 3 | 8 |   | 7 |   |
| 3 |   |   | 7 |   |   | 4 | 5 | 9 |
|   | 6 |   |   |   |   |   | 4 |   |

## PUZZLE 22

|   |   | 1 |   | 6 |   |   | 7 |   |
|---|---|---|---|---|---|---|---|---|
|   |   |   |   | 3 |   |   |   | 2 |
|   |   |   |   | 2 | 6 | 3 |   |   |
| 2 | 4 |   | 5 | 1 | 7 |   | 9 |   |
|   |   | 7 |   | 3 |   | 1 | 5 |   |
| 1 | 5 | 3 |   |   |   |   |   |   |
| 7 | 3 |   |   |   | 8 |   | 1 | 5 |
|   | 9 |   |   |   | 5 |   |   |   |
|   |   |   |   |   |   | 7 | 2 | 8 |

## PUZZLE 23

|   |   |   | 3 | 8 |   |   |   | 4 |
|---|---|---|---|---|---|---|---|---|
|   | 7 |   | 1 |   |   |   |   |   |
| 6 |   |   |   |   | 2 |   |   |   |
|   | 9 |   |   | 1 |   |   | 3 | 8 |
|   |   |   | 9 |   | 4 | 2 |   | 7 |
| 5 |   |   | 7 |   |   |   |   | 9 |
|   |   |   |   |   |   | 5 |   |   |
|   | 6 |   |   | 7 |   |   | 1 |   |
| 1 |   |   | 8 | 2 |   | 4 | 7 |   |

## PUZZLE 24

|   | 9 |   |   |   |   |   | 5 |   |
|---|---|---|---|---|---|---|---|---|
|   |   |   |   |   | 9 |   | 8 |   |
| 8 |   | 7 | 5 |   |   | 6 |   | 9 |
| 7 |   |   |   |   |   | 4 |   |   |
|   | 4 |   | 6 |   |   | 2 | 5 |   |
|   |   | 1 |   |   |   | 3 | 7 |   | 2 |
|   |   | 9 | 2 | 3 | 1 |   | 4 |   |
| 2 | 3 |   |   | 8 |   |   |   |   |
|   | 1 |   |   |   | 5 |   |   |   |

# HAPPY Father's Day

## INSANE SUDOKU- ANSWERS

| | | | | | | | | |
|---|---|---|---|---|---|---|---|---|
| 8 | 4 | 9 | 2 | 5 | 6 | 7 | 1 | 3 |
| 6 | 5 | 2 | 3 | 7 | 1 | 9 | 8 | 4 |
| 3 | 1 | 7 | 4 | 8 | 9 | 6 | 2 | 5 |
| 4 | 9 | 8 | 6 | 2 | 3 | 1 | 5 | 7 |
| 7 | 6 | 5 | 9 | 1 | 8 | 3 | 4 | 2 |
| 2 | 3 | 1 | 7 | 4 | 5 | 8 | 9 | 6 |
| 9 | 8 | 4 | 5 | 6 | 7 | 2 | 3 | 1 |
| 5 | 7 | 3 | 1 | 9 | 2 | 4 | 6 | 8 |
| 1 | 2 | 6 | 8 | 3 | 4 | 5 | 7 | 9 |

| | | | | | | | | |
|---|---|---|---|---|---|---|---|---|
| 3 | 1 | 4 | 6 | 7 | 8 | 2 | 5 | 9 |
| 9 | 2 | 7 | 3 | 4 | 5 | 8 | 1 | 6 |
| 8 | 5 | 6 | 9 | 1 | 2 | 4 | 3 | 7 |
| 4 | 8 | 1 | 5 | 9 | 3 | 7 | 6 | 2 |
| 7 | 3 | 2 | 8 | 6 | 1 | 5 | 9 | 4 |
| 5 | 6 | 9 | 7 | 2 | 4 | 3 | 8 | 1 |
| 2 | 7 | 5 | 1 | 8 | 9 | 6 | 4 | 3 |
| 6 | 9 | 8 | 4 | 3 | 7 | 1 | 2 | 5 |
| 1 | 4 | 3 | 2 | 5 | 6 | 9 | 7 | 8 |

| | | | | | | | | |
|---|---|---|---|---|---|---|---|---|
| 7 | 1 | 5 | 9 | 3 | 2 | 6 | 4 | 8 |
| 6 | 4 | 3 | 8 | 5 | 1 | 9 | 7 | 2 |
| 2 | 8 | 9 | 4 | 6 | 7 | 1 | 3 | 5 |
| 5 | 9 | 7 | 6 | 1 | 8 | 4 | 2 | 3 |
| 1 | 3 | 8 | 2 | 4 | 5 | 7 | 6 | 9 |
| 4 | 2 | 6 | 7 | 9 | 3 | 5 | 8 | 1 |
| 3 | 7 | 4 | 5 | 2 | 9 | 8 | 1 | 6 |
| 8 | 5 | 1 | 3 | 7 | 6 | 2 | 9 | 4 |
| 9 | 6 | 2 | 1 | 8 | 4 | 3 | 5 | 7 |

| | | | | | | | | |
|---|---|---|---|---|---|---|---|---|
| 9 | 8 | 5 | 4 | 7 | 3 | 2 | 6 | 1 |
| 2 | 4 | 1 | 9 | 5 | 6 | 8 | 3 | 7 |
| 6 | 7 | 3 | 1 | 2 | 8 | 5 | 4 | 9 |
| 7 | 2 | 8 | 6 | 4 | 9 | 3 | 1 | 5 |
| 4 | 5 | 9 | 3 | 1 | 7 | 6 | 2 | 8 |
| 3 | 1 | 6 | 5 | 8 | 2 | 7 | 9 | 4 |
| 5 | 6 | 2 | 8 | 9 | 1 | 4 | 7 | 3 |
| 8 | 9 | 7 | 2 | 3 | 4 | 1 | 5 | 6 |
| 1 | 3 | 4 | 7 | 6 | 5 | 9 | 8 | 2 |

| | | | | | | | | |
|---|---|---|---|---|---|---|---|---|
| 7 | 8 | 4 | 1 | 3 | 6 | 5 | 9 | 2 |
| 3 | 2 | 5 | 8 | 7 | 9 | 6 | 4 | 1 |
| 1 | 6 | 9 | 5 | 4 | 2 | 7 | 3 | 8 |
| 5 | 9 | 2 | 4 | 1 | 8 | 3 | 7 | 6 |
| 8 | 7 | 3 | 6 | 2 | 5 | 4 | 1 | 9 |
| 6 | 4 | 1 | 7 | 9 | 3 | 8 | 2 | 5 |
| 9 | 1 | 8 | 3 | 6 | 7 | 2 | 5 | 4 |
| 4 | 5 | 7 | 2 | 8 | 1 | 9 | 6 | 3 |
| 2 | 3 | 6 | 9 | 5 | 4 | 1 | 8 | 7 |

| | | | | | | | | |
|---|---|---|---|---|---|---|---|---|
| 1 | 9 | 8 | 5 | 7 | 6 | 4 | 2 | 3 |
| 5 | 3 | 4 | 1 | 8 | 2 | 9 | 7 | 6 |
| 2 | 7 | 6 | 9 | 3 | 4 | 1 | 5 | 8 |
| 8 | 1 | 7 | 2 | 4 | 9 | 3 | 6 | 5 |
| 3 | 2 | 5 | 7 | 6 | 1 | 8 | 9 | 4 |
| 6 | 4 | 9 | 8 | 5 | 3 | 2 | 1 | 7 |
| 7 | 6 | 1 | 3 | 2 | 8 | 5 | 4 | 9 |
| 9 | 5 | 3 | 4 | 1 | 7 | 6 | 8 | 2 |
| 4 | 8 | 2 | 6 | 9 | 5 | 7 | 3 | 1 |

# HAPPY Father's Day

## INSANE SUDOKU- ANSWERS

| | | | | | | | | |
|---|---|---|---|---|---|---|---|---|
| 2 | 3 | 4 | 7 | 1 | 9 | 8 | 6 | 5 |
| 8 | 6 | 7 | 2 | 5 | 3 | 4 | 9 | 1 |
| 9 | 5 | 1 | 6 | 4 | 8 | 7 | 2 | 3 |
| 7 | 8 | 3 | 5 | 2 | 4 | 9 | 1 | 6 |
| 1 | 9 | 6 | 8 | 3 | 7 | 5 | 4 | 2 |
| 5 | 4 | 2 | 1 | 9 | 6 | 3 | 7 | 8 |
| 3 | 1 | 5 | 4 | 7 | 2 | 6 | 8 | 9 |
| 6 | 7 | 9 | 3 | 8 | 1 | 2 | 5 | 4 |
| 4 | 2 | 8 | 9 | 6 | 5 | 1 | 3 | 7 |

| | | | | | | | | |
|---|---|---|---|---|---|---|---|---|
| 2 | 6 | 5 | 4 | 7 | 8 | 1 | 9 | 3 |
| 3 | 8 | 4 | 2 | 1 | 9 | 7 | 6 | 5 |
| 7 | 9 | 1 | 6 | 3 | 5 | 8 | 2 | 4 |
| 4 | 5 | 9 | 1 | 8 | 3 | 2 | 7 | 6 |
| 6 | 7 | 3 | 5 | 9 | 2 | 4 | 8 | 1 |
| 1 | 2 | 8 | 7 | 4 | 6 | 5 | 3 | 9 |
| 8 | 3 | 2 | 9 | 5 | 4 | 6 | 1 | 7 |
| 9 | 4 | 7 | 8 | 6 | 1 | 3 | 5 | 2 |
| 5 | 1 | 6 | 3 | 2 | 7 | 9 | 4 | 8 |

| | | | | | | | | |
|---|---|---|---|---|---|---|---|---|
| 5 | 6 | 2 | 3 | 7 | 8 | 9 | 4 | 1 |
| 7 | 3 | 8 | 1 | 9 | 4 | 6 | 2 | 5 |
| 1 | 9 | 4 | 2 | 6 | 5 | 7 | 8 | 3 |
| 8 | 5 | 9 | 4 | 1 | 7 | 2 | 3 | 6 |
| 3 | 7 | 6 | 8 | 2 | 9 | 5 | 1 | 4 |
| 4 | 2 | 1 | 5 | 3 | 6 | 8 | 9 | 7 |
| 2 | 8 | 3 | 7 | 5 | 1 | 4 | 6 | 9 |
| 6 | 4 | 5 | 9 | 8 | 3 | 1 | 7 | 2 |
| 9 | 1 | 7 | 6 | 4 | 2 | 3 | 5 | 8 |

| | | | | | | | | |
|---|---|---|---|---|---|---|---|---|
| 3 | 9 | 7 | 5 | 4 | 1 | 2 | 6 | 8 |
| 5 | 8 | 1 | 6 | 9 | 2 | 7 | 4 | 3 |
| 6 | 2 | 4 | 3 | 8 | 7 | 9 | 1 | 5 |
| 8 | 3 | 2 | 1 | 5 | 9 | 4 | 7 | 6 |
| 1 | 4 | 6 | 2 | 7 | 8 | 5 | 3 | 9 |
| 7 | 5 | 9 | 4 | 3 | 6 | 1 | 8 | 2 |
| 2 | 7 | 3 | 9 | 6 | 4 | 8 | 5 | 1 |
| 9 | 6 | 8 | 7 | 1 | 5 | 3 | 2 | 4 |
| 4 | 1 | 5 | 8 | 2 | 3 | 6 | 9 | 7 |

| | | | | | | | | |
|---|---|---|---|---|---|---|---|---|
| 7 | 8 | 5 | 9 | 2 | 4 | 1 | 6 | 3 |
| 9 | 3 | 4 | 6 | 8 | 1 | 5 | 2 | 7 |
| 6 | 1 | 2 | 7 | 5 | 3 | 9 | 8 | 4 |
| 2 | 7 | 6 | 1 | 4 | 5 | 8 | 3 | 9 |
| 4 | 5 | 8 | 3 | 6 | 9 | 7 | 1 | 2 |
| 1 | 9 | 3 | 2 | 7 | 8 | 4 | 5 | 6 |
| 5 | 6 | 1 | 4 | 9 | 2 | 3 | 7 | 8 |
| 8 | 2 | 9 | 5 | 3 | 7 | 6 | 4 | 1 |
| 3 | 4 | 7 | 8 | 1 | 6 | 2 | 9 | 5 |

| | | | | | | | | |
|---|---|---|---|---|---|---|---|---|
| 2 | 8 | 4 | 7 | 5 | 3 | 6 | 1 | 9 |
| 3 | 7 | 6 | 9 | 8 | 1 | 5 | 4 | 2 |
| 5 | 9 | 1 | 4 | 6 | 2 | 8 | 3 | 7 |
| 9 | 2 | 5 | 1 | 3 | 4 | 7 | 8 | 6 |
| 7 | 1 | 8 | 5 | 2 | 6 | 3 | 9 | 4 |
| 4 | 6 | 3 | 8 | 9 | 7 | 1 | 2 | 5 |
| 8 | 5 | 7 | 2 | 1 | 9 | 4 | 6 | 3 |
| 6 | 4 | 9 | 3 | 7 | 8 | 2 | 5 | 1 |
| 1 | 3 | 2 | 6 | 4 | 5 | 9 | 7 | 8 |

# HAPPY Father's Day

## INSANE SUDOKU- ANSWERS

| | | | | | | | | |
|---|---|---|---|---|---|---|---|---|
| 6 | 1 | 8 | 2 | 7 | 5 | 9 | 4 | 3 |
| 9 | 3 | 5 | 6 | 4 | 1 | 2 | 7 | 8 |
| 7 | 4 | 2 | 8 | 3 | 9 | 5 | 6 | 1 |
| 2 | 9 | 3 | 7 | 1 | 8 | 6 | 5 | 4 |
| 4 | 7 | 6 | 5 | 9 | 3 | 1 | 8 | 2 |
| 8 | 5 | 1 | 4 | 6 | 2 | 3 | 9 | 7 |
| 5 | 6 | 7 | 3 | 2 | 4 | 8 | 1 | 9 |
| 3 | 8 | 9 | 1 | 5 | 7 | 4 | 2 | 6 |
| 1 | 2 | 4 | 9 | 8 | 6 | 7 | 3 | 5 |

| | | | | | | | | |
|---|---|---|---|---|---|---|---|---|
| 6 | 9 | 8 | 5 | 7 | 4 | 3 | 1 | 2 |
| 3 | 4 | 7 | 6 | 1 | 2 | 8 | 5 | 9 |
| 5 | 2 | 1 | 9 | 3 | 8 | 4 | 7 | 6 |
| 9 | 1 | 2 | 4 | 6 | 3 | 7 | 8 | 5 |
| 4 | 5 | 3 | 8 | 9 | 7 | 2 | 6 | 1 |
| 8 | 7 | 6 | 1 | 2 | 5 | 9 | 4 | 3 |
| 7 | 6 | 4 | 3 | 5 | 9 | 1 | 2 | 8 |
| 1 | 8 | 9 | 2 | 4 | 6 | 5 | 3 | 7 |
| 2 | 3 | 5 | 7 | 8 | 1 | 6 | 9 | 4 |

| | | | | | | | | |
|---|---|---|---|---|---|---|---|---|
| 9 | 3 | 8 | 4 | 7 | 5 | 1 | 6 | 2 |
| 4 | 5 | 6 | 9 | 2 | 1 | 7 | 8 | 3 |
| 1 | 2 | 7 | 8 | 3 | 6 | 5 | 4 | 9 |
| 7 | 6 | 1 | 2 | 9 | 4 | 3 | 5 | 8 |
| 5 | 9 | 4 | 1 | 8 | 3 | 6 | 2 | 7 |
| 3 | 8 | 2 | 5 | 6 | 7 | 9 | 1 | 4 |
| 8 | 7 | 5 | 3 | 1 | 2 | 4 | 9 | 6 |
| 2 | 4 | 3 | 6 | 5 | 9 | 8 | 7 | 1 |
| 6 | 1 | 9 | 7 | 4 | 8 | 2 | 3 | 5 |

| | | | | | | | | |
|---|---|---|---|---|---|---|---|---|
| 8 | 2 | 6 | 9 | 5 | 7 | 3 | 4 | 1 |
| 5 | 1 | 3 | 8 | 4 | 2 | 9 | 7 | 6 |
| 4 | 7 | 9 | 3 | 1 | 6 | 2 | 8 | 5 |
| 1 | 8 | 2 | 6 | 3 | 4 | 5 | 9 | 7 |
| 6 | 3 | 7 | 5 | 2 | 9 | 8 | 1 | 4 |
| 9 | 4 | 5 | 7 | 8 | 1 | 6 | 2 | 3 |
| 7 | 6 | 4 | 2 | 9 | 3 | 1 | 5 | 8 |
| 3 | 9 | 8 | 1 | 7 | 5 | 4 | 6 | 2 |
| 2 | 5 | 1 | 4 | 6 | 8 | 7 | 3 | 9 |

| | | | | | | | | |
|---|---|---|---|---|---|---|---|---|
| 2 | 4 | 7 | 9 | 3 | 8 | 1 | 6 | 5 |
| 8 | 5 | 1 | 7 | 4 | 6 | 2 | 9 | 3 |
| 9 | 6 | 3 | 1 | 2 | 5 | 8 | 4 | 7 |
| 6 | 2 | 4 | 8 | 9 | 3 | 5 | 7 | 1 |
| 7 | 3 | 8 | 6 | 5 | 1 | 4 | 2 | 9 |
| 5 | 1 | 9 | 4 | 7 | 2 | 3 | 8 | 6 |
| 3 | 8 | 6 | 2 | 1 | 7 | 9 | 5 | 4 |
| 1 | 9 | 2 | 5 | 6 | 4 | 7 | 3 | 8 |
| 4 | 7 | 5 | 3 | 8 | 9 | 6 | 1 | 2 |

| | | | | | | | | |
|---|---|---|---|---|---|---|---|---|
| 1 | 5 | 8 | 6 | 3 | 4 | 2 | 9 | 7 |
| 2 | 6 | 9 | 1 | 8 | 7 | 4 | 3 | 5 |
| 3 | 4 | 7 | 9 | 2 | 5 | 1 | 8 | 6 |
| 4 | 9 | 2 | 3 | 1 | 6 | 5 | 7 | 8 |
| 7 | 3 | 6 | 5 | 4 | 8 | 9 | 2 | 1 |
| 8 | 1 | 5 | 2 | 7 | 9 | 3 | 6 | 4 |
| 5 | 2 | 4 | 8 | 6 | 3 | 7 | 1 | 9 |
| 6 | 7 | 3 | 4 | 9 | 1 | 8 | 5 | 2 |
| 9 | 8 | 1 | 7 | 5 | 2 | 6 | 4 | 3 |

# HAPPY Father's Day

## INSANE SUDOKU- ANSWERS

| | | | | | | | | |
|---|---|---|---|---|---|---|---|---|
| 5 | 9 | 8 | 2 | 7 | 6 | 4 | 1 | 3 |
| 7 | 6 | 3 | 4 | 5 | 1 | 9 | 8 | 2 |
| 1 | 2 | 4 | 3 | 9 | 8 | 6 | 5 | 7 |
| 6 | 7 | 2 | 5 | 3 | 9 | 1 | 4 | 8 |
| 8 | 4 | 5 | 1 | 2 | 7 | 3 | 6 | 9 |
| 3 | 1 | 9 | 6 | 8 | 4 | 2 | 7 | 5 |
| 2 | 8 | 1 | 9 | 4 | 5 | 7 | 3 | 6 |
| 4 | 3 | 7 | 8 | 6 | 2 | 5 | 9 | 1 |
| 9 | 5 | 6 | 7 | 1 | 3 | 8 | 2 | 4 |

| | | | | | | | | |
|---|---|---|---|---|---|---|---|---|
| 8 | 2 | 9 | 6 | 7 | 1 | 5 | 4 | 3 |
| 4 | 1 | 5 | 3 | 2 | 8 | 7 | 9 | 6 |
| 6 | 3 | 7 | 4 | 5 | 9 | 2 | 1 | 8 |
| 5 | 6 | 4 | 1 | 9 | 7 | 8 | 3 | 2 |
| 9 | 7 | 3 | 8 | 4 | 2 | 1 | 6 | 5 |
| 2 | 8 | 1 | 5 | 6 | 3 | 4 | 7 | 9 |
| 7 | 5 | 2 | 9 | 3 | 4 | 6 | 8 | 1 |
| 1 | 9 | 6 | 7 | 8 | 5 | 3 | 2 | 4 |
| 3 | 4 | 8 | 2 | 1 | 6 | 9 | 5 | 7 |

| | | | | | | | | |
|---|---|---|---|---|---|---|---|---|
| 8 | 1 | 3 | 4 | 2 | 9 | 7 | 6 | 5 |
| 6 | 9 | 2 | 1 | 5 | 7 | 4 | 8 | 3 |
| 7 | 4 | 5 | 6 | 8 | 3 | 1 | 2 | 9 |
| 1 | 7 | 9 | 5 | 4 | 6 | 8 | 3 | 2 |
| 2 | 3 | 6 | 8 | 7 | 1 | 9 | 5 | 4 |
| 5 | 8 | 4 | 3 | 9 | 2 | 6 | 1 | 7 |
| 4 | 5 | 1 | 9 | 3 | 8 | 2 | 7 | 6 |
| 3 | 2 | 8 | 7 | 6 | 4 | 5 | 9 | 1 |
| 9 | 6 | 7 | 2 | 1 | 5 | 3 | 4 | 8 |

| | | | | | | | | |
|---|---|---|---|---|---|---|---|---|
| 3 | 2 | 1 | 8 | 6 | 4 | 5 | 7 | 9 |
| 6 | 9 | 5 | 1 | 7 | 3 | 4 | 8 | 2 |
| 4 | 7 | 8 | 9 | 5 | 2 | 6 | 3 | 1 |
| 2 | 4 | 6 | 5 | 1 | 7 | 8 | 9 | 3 |
| 9 | 8 | 7 | 2 | 3 | 6 | 1 | 5 | 4 |
| 1 | 5 | 3 | 4 | 8 | 9 | 2 | 6 | 7 |
| 7 | 3 | 2 | 6 | 4 | 8 | 9 | 1 | 5 |
| 8 | 1 | 9 | 7 | 2 | 5 | 3 | 4 | 6 |
| 5 | 6 | 4 | 3 | 9 | 1 | 7 | 2 | 8 |

| | | | | | | | | |
|---|---|---|---|---|---|---|---|---|
| 9 | 5 | 1 | 3 | 8 | 7 | 6 | 2 | 4 |
| 2 | 4 | 7 | 1 | 6 | 9 | 3 | 8 | 5 |
| 6 | 8 | 3 | 5 | 4 | 2 | 7 | 9 | 1 |
| 4 | 7 | 9 | 2 | 1 | 6 | 5 | 3 | 8 |
| 3 | 1 | 8 | 9 | 5 | 4 | 2 | 6 | 7 |
| 5 | 2 | 6 | 7 | 3 | 8 | 1 | 4 | 9 |
| 7 | 3 | 4 | 6 | 9 | 1 | 8 | 5 | 2 |
| 8 | 6 | 2 | 4 | 7 | 5 | 9 | 1 | 3 |
| 1 | 9 | 5 | 8 | 2 | 3 | 4 | 7 | 6 |

| | | | | | | | | |
|---|---|---|---|---|---|---|---|---|
| 3 | 9 | 6 | 8 | 2 | 7 | 1 | 5 | 4 |
| 1 | 5 | 4 | 3 | 6 | 9 | 2 | 8 | 7 |
| 8 | 2 | 7 | 5 | 1 | 4 | 6 | 3 | 9 |
| 7 | 6 | 2 | 1 | 5 | 8 | 4 | 9 | 3 |
| 9 | 4 | 3 | 6 | 7 | 2 | 5 | 1 | 8 |
| 5 | 8 | 1 | 9 | 4 | 3 | 7 | 6 | 2 |
| 6 | 7 | 9 | 2 | 3 | 1 | 8 | 4 | 5 |
| 2 | 3 | 5 | 4 | 8 | 6 | 9 | 7 | 1 |
| 4 | 1 | 8 | 7 | 9 | 5 | 3 | 2 | 6 |